AF372240

Mirko Maccani

NEL BOSCO

GIORNI E NOTTI TRA STRAPIOMBI, PREDE, PREDATORI, TRACCE E PENSIERI.

◆

EDIZIONI WE

ISBN 979-12-5497-014-0

PREFAZIONE
di Nicola Bergamaschi

In un mondo sempre più antropizzato, leggere il libro di Mirko Maccani che parla di avventure reali, vissute in solitaria e con i suoi figli Ava e Nicolas, tra boschi e natura selvaggia, è qualcosa che fa bene al cuore.

Mirko, dopo averci dato alcune nozioni di base su cosa è l'ecologia, ci fa immergere nel suo mondo fatto di appostamenti diurni e notturni, ricerche, osservazioni ed incontri inusuali con la numerosa fauna locale.

Leggendo i vari capitoli dello scritto verrete anche messi di fronte a numerosi temi attuali legati all'ambiente sui quali l'autore fornisce il proprio personale punto di vista.

Come Editore non posso che sentirmi orgoglioso nel pubblicare quest'opera narrativa e divulgativa che è sicuramente unica nel suo genere.

Nicola Bergamaschi
Fondatore di Edizioni We

NEL BOSCO

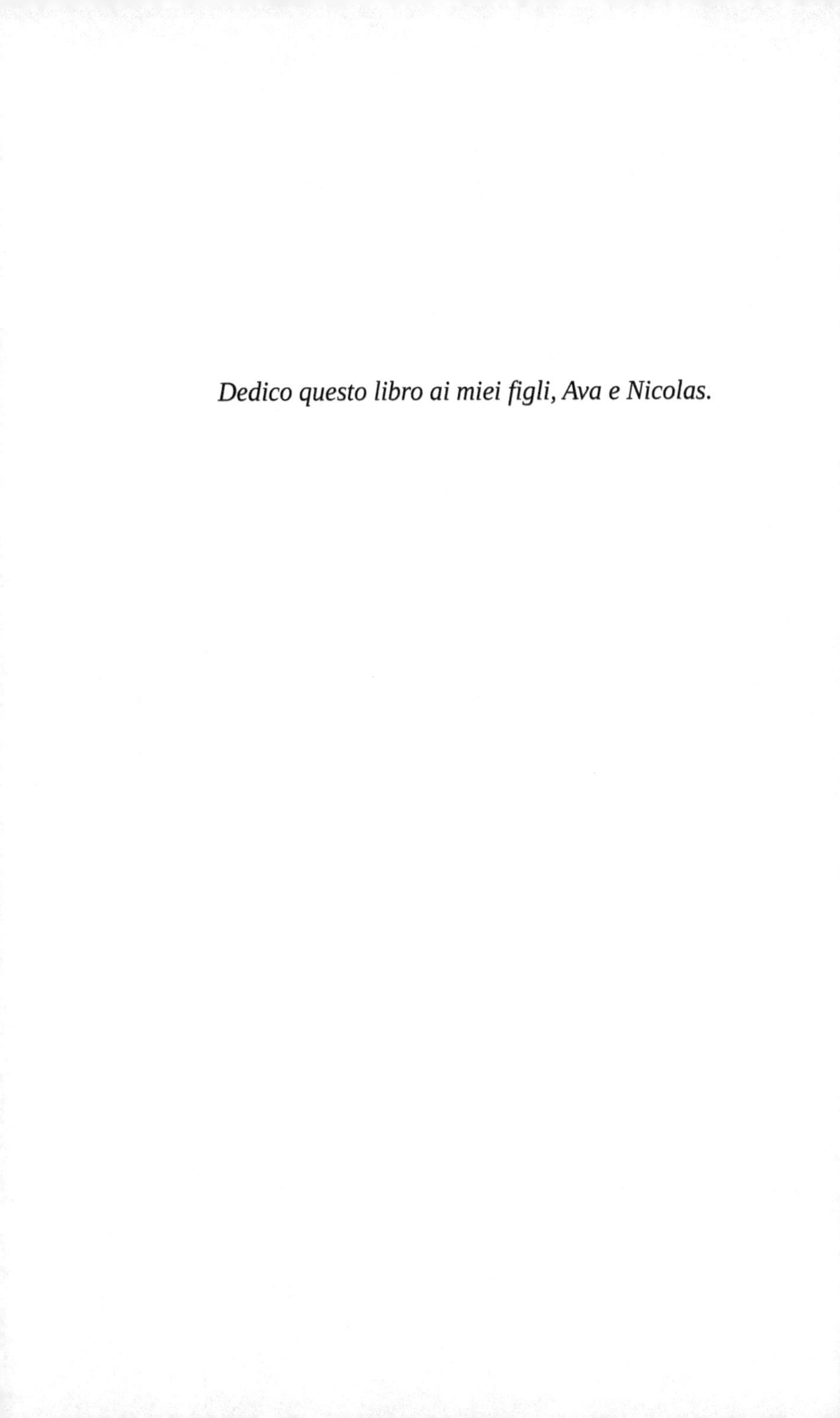

Dedico questo libro ai miei figli, Ava e Nicolas.

Introduzione

Questo scritto non ha l'arroganza di voler dare una o più risposte, anzi, lo scopo è quello di unire le domande che mi sono fatto durante le mie osservazioni in natura degli ultimi anni. Nel bosco ci sono stato spesso con mio figlio, ogni tanto con mia figlia, raramente con amici, quasi sempre da solo. Per me è una specie di terapia, non saprei che altro nome darle; un rifugio dall'altro mondo, quello diverso, quello dove sei sempre di corsa, dove vuoi scappare da un predatore che tu stesso hai invitato a cena. Durante le camminate, le soste, le dormite e le osservazioni, di giorno e di notte nei boschi, è facile farsi una montagna di domande alle quali cerchi di dare una risposta. Osservi e ti chiedi, osservi e ogni tanto, ti rispondi. Valuti, ragioni, cerchi altri punti di vista, altre possibilità e anche quando ti dai una risposta, non sai mai se è quella corretta e cerchi nella tua memoria, fra decine di migliaia di pagine lette, qualche aiuto. Prendi appunti, riassumi i tuoi ricordi, pensi: "…a casa rileggo quel libro…", "…quando serve google non c'è mai campo." Domande, che portano sempre ad altre domande e così, seduto su una sedia d'emergenza, un tronco caduto, un masso da fachiro, un ramo a 5 metri d'altezza, pensi e osservi. Un block notes in mano, un binocolo o una lente nell'altra, la macchina fotografica al collo, un metro da sarta per le misure in tasca. La notte scrivi le note sul telefono, almeno eviti una torcia, visore notturno al collo, orecchi tesi. Pensare la notte mi è più difficile; i sensi, specialmente l'udito, mi distraggono. In quel silenzio fasullo creato dal respiro della natura, anche un piccolo ghiro fa un rumore pazzesco, due caprioli che si rincorrono diventano una mandria di cavalli, un tasso che scava diventa uno scavo per grandi trafori da gallerie europee. La prima volta ero spiazzato, poi piano piano mi sono abituato a dare ad ogni rumore una possibile, tangibile, spiegazione. Tutti questi pensieri, che come detto alla fin fine sono domande, hanno bisogno di un'infarinatura di base per essere capite da chi queste materie non le ha studiate o non le ha mai affrontate prima. È un libro di avventure, un romanzo, non è un libro divulgativo o scientifico; non sarei all'altezza di questo ruolo e proprio per questo alla fine elencherò alcuni libri dove potrete approfondire le materie trattate o magari trovare alcune risposte alle mie domande o a quelle che sono certo aggiungerete voi.

Come già detto la mia non vuole essere la verità assoluta; voglio raccontarvi le mie esperienze con la consapevolezza che spesso sui temi trattati nemmeno gli studiosi hanno un'opinione certa. Ho passato una vita a leggere e a studiare libri di grandi ricercatori e, come è ovvio, non sempre condividevano le stesse tesi, alcuni ne discutevano apertamente, spesso anche in modo vivace e senza risparmiarsi nulla. Da Darwin e Wallace, a Huxley e Tinbergen, a von Holst e Lorenz, fino a Stephen Jay Gould, John Maynard Smith e Richard Dawkins e molti altri. La ricerca, le teorie e le opinioni di questi, alle volte sono simili altre diametralmente opposte. Alle diverse tesi, bisogna aggiungere che la ricerca continua, le nuove tecnologie, ed i passi da gigante fatti negli studi geologici, negli studi sul DNA e sui geni, l'utilizzo di cronometri isotopici (Orologi radiometrici come Carbonio-14, Alluminio-26, Potassio-40) e il progresso scientifico in generale, ci permettono oggi di correggere ricerche e tesi del passato. Quando leggo Tinbergen, Lorenz, von Frisch e molti altri ricercatori, anche contemporanei, devo sempre ricordarmi del periodo storico e scientifico in cui hanno elaborato le loro teorie. Mi entusiasma vedere e capire cosa sono stati in grado di raggiungere gli studiosi senza le tecnologie e le conoscenze di oggi. Anche gli ultimi trattati di biologia, zoologia o ecologia, non domani ma fra qualche anno, verranno ritenuti obsoleti; e per fortuna, indice di un settore sempre in movimento.

Questo mio racconto vuole mostrarvi ciò che ho vissuto, i miei pensieri, un sunto dei libri che ho letto. La memoria mi potrà tradire, le mie interpretazioni potranno essere errate ma ciò che conta è l'esperienza che voglio portare alla vostra attenzione. Il libro è suddiviso in due parti, una più tecnica e scientifica, ed una che racconta le mie avventure nel bosco, da solo o con i miei figli.

PRIMA PARTE
Lo spazio, l'essere umano e gli altri animali

I
Confini?

- 7 -

Fin da piccolo ho avuto il grande privilegio di poter vivere nella natura; totalmente circondato da essa.

Da qualche anno, dopo il mio ultimo trasloco, questa dimensione si è fatta ancora più potente. Nella mia testa di ragazzino libero di esplorare spazi primitivi, i confini non esistevano. Solo crescendo mi sono stati spiegati, anzi, spesso è capitato che mi venissero indottrinati. Confini di ogni tipo. Questo sì, questo no, lì sì, lì no. Sta di fatto che da bambino, se vedevo una volpe girare per la periferia del paese, una faina in piazza alla sera, o un capriolo mentre andavo a zonzo per il bosco, non mi chiedevo di sicuro se uno dei due, io o loro, fosse fuori posto. Poi però accade che, senza rendersene conto, senza capire come o tramite chi, inizi a dividere le proprietà. Ma non si tratta di un mero piano materiale, del tipo questa automobilina è mia, il pallone è di mio fratello, la chitarra è di un amico; si tratta di rivendicare la proprietà del territorio. Oggi che sfioro i 50 anni e osservo gli animali selvatici nel bosco, in giardino, in casa, di giorno e di notte, mi chiedo spesso chi sia fuori posto e se esista un fuori posto.

Se torno agli inizi, le città non esistevano e la Natura era a disposizione di tutti. Ogni essere vivente sceglieva un habitat, un ecosistema strettamente legato a sé e al risultato della propria evoluzione. Spesso, mentre sono seduto in mezzo al bosco, mi passano per la testa tantissime domande e possibili risposte e mi chiedo se sono l'abitante o se sono l'ospite. Certamente provengo da lì, ma mi rendo conto che mi sono scordato di come dovrei comportarmi a casa mia. Ho notato che l'essere umano tende a comportarsi male con cose che non sente sue, mentre diventa estremamente geloso e maniacale con le proprie. Questo vale per ogni cosa, anche per molti oggetti; in generale, non vedo la galanteria e il rispetto per la natura che tutti vogliono farmi credere.

Io non mi sento così fuori confine in un bosco, a patto di essere consapevole che le regole cambiano. Dove finisce realmente il mio home range e quello di un orso o di un capriolo? Se io mi sposto nel bosco, loro si possono spostare nel mio giardino? Il problema sostanziale sta nel cambiamento ecologico dei vari habitat. Abbiamo quest'arroganza e questa convinzione di poter trasformare un ambiente per adattarlo a noi o alle nostre attività; ad esempio trasformare un bosco in una malga o una foresta in terreni per la zootecnia. Tutto ciò non è per nulla ecologico e sarebbe opportuno rendersene conto; anche per quanto riguarda l'agricoltura. Sono consapevole che l'essere umano ne abbia bisogno, ma si tratta di veri e propri espropri che andrebbero fatti con tutt'altri criteri (ne parleremo fra qualche capitolo).

Il confine fra io invado il loro territorio e loro invadano il mio non esiste secondo me, almeno non con l'accezione che diamo noi alla parola invasione e per questo motivo va ricercata una nuova possibilità di convivenza. Una differenza sostanziale sta poi nel fatto che, in ambito animale, solo raramente la difesa del proprio home range porta all'uccisione dell'invasore. Le nostre abitudini, per arroganza, onnipotenza, totalitarismo, stupidità, comodità, ignoranza, avarizia, ci portano ad aumentare questa situazione che chiamiamo invasione; vediamolo nel prossimo capitolo.

II
Opportunismo

Gli animali, noi compresi, sono opportunisti e spesso, non tutti ma molti, abitudinari. Sostanzialmente non ci piace fare fatica e viviamo, per farla breve, per poche cose fondamentali: i nutrimenti e la riproduzione (anche per il sesso come semplice piacere). Dubito che per entrambe le cose ci piaccia fare una fatica assurda, anche se poi spesso la facciamo.

La rivoluzione nella sfera ecologica di cui ho appena scritto, dovuta ad agricoltura e zootecnia, crea nuovi habitat e nicchie trofiche che sono dei veri e propri supermercati, gratuiti e comodi, per tutti quegli animali che vivevano in quella stessa zona prima del cambiamento imposto dall'uomo. Non è pensabile che tutto ciò non ingolosisca l'opportunismo. Nessun cinghiale fa fatica a cercare ghiande o radici se trova l'uva facilmente, nessun capriolo va a cercare germogli sparsi nel bosco se ne trova chilometri in fila su un bell'impianto di viti ad altezza muso, nessun branco di lupi rischia di scontrarsi con un cervo dopo averlo rincorso per chilometri se trova delle pecore rinchiuse senza possibilità di scampo. Conosco esseri umani che non lavorano perché qualcuno li mantiene.

Ad agevolare queste "invasioni" non sono solo i self service gratuiti e comodi (agricoltura e zootecnia), ma anche l'immondizia, il compostaggio, il nutrimento voluto e incentivato di animali selvatici (uccelli, volpi, eccetera) e quello non voluto che consiste nel lasciare cibo per gatti e cani a portata di faine, volpi, ricci. Tutto questo, più la distruzione delle loro naturali aree e catene trofiche, incentiva un'invasione sempre più comune che porta ad una convivenza più o meno piacevole, in base alle nostre simpatie, un gusto estetico, o un tornaconto.

È un dato di fatto che per gli umani, non per ognuno: un ragno, un serpente, un topo, una faina, una poiana, un lupo, non equivalgano a un pettirosso, a uno scoiattolo, un capriolo, un riccio o a un passero che ruba una patatina al bar. Oltre a questi gusti e interessi personali, aggiungerei anche la diffusa convinzione di superiorità che aleggia, senza tante remore, fra gli esseri umani. Questa convinzione di supremazia fa ridere visto che sfocia nella soppressione del nostro competitor; questa la prima ed unica scelta, un chiaro e disarmante segnale d'ignoranza e arretratezza.

È tutta qui l'intelligenza, vanto e punto fermo, delle nostre teorie di distinguo dagli altri animali? La dissuasione come prevenzione dovrebbe essere sempre la nostra prima scelta e la tecnologia, un aiuto per una protezione non letale. La soppressione dovrebbe essere l'ultima, triste affermazione del nostro fallimento.

III.
Evoluzioni diverse e a velocità diverse

Non posso entrare nella testa di un altro animale e nemmeno sapere se le loro azioni siano supportate da un ragionamento che vada oltre l'istinto. Se escludiamo il puro scopo nutrizionale, un animale quando decide di pungere, mordere o graffiare un altro animale, anche umano, dubito che lo faccia con la consapevolezza di volerlo uccidere. Lo scopo è la difesa personale, dei propri cuccioli, o del proprio territorio ed è sempre e comunque un'estrema e ultima alternativa. Quindi ci differenziano due cose essenziali. La consapevolezza dell'azione-risultato e la scelta della prima e più importante azione. Infatti, se prendiamo ad esempio un orso, un serpente o un ragno, la loro prima scelta (nonostante le loro varie possibilità: forza, effetto sorpresa e mimetismo) è quasi sempre la fuga. Il loro attacco è quasi sempre causato da nostre azioni che li minacciano lasciandoli senza scampo e alternativa.

Minacce che spesso compiamo in maniera involontaria o inconsapevole; pensiamo all'ipotesi di calpestare un serpente, o di infilarci una scarpa con dentro un ragno o uno scorpione, di avvicinarci troppo ad un nido di vespe o ai cuccioli di un predatore. Credo che la nostra possibilità di ragionamento, di studio e d'ingegno, debba mettere in evidenza quella che con tanta enfasi spesso definiamo differenza tra noi e gli animali. Non mi sentirete mai dire che gli animali sono meglio delle persone, ma nemmeno il contrario; perché non credo sia possibile generalizzare la questione se si prendono in considerazione un'infinità di campi, caratteristiche, azioni. Sarebbe un pensiero puramente umano, un concetto astratto diverso da quello di qualunque altro essere vivente. D'altronde nemmeno noi umani classifichiamo le cose nello stesso modo. Spesso parliamo di rispettare la natura, gli altri animali; ma anche lo stesso concetto di rispetto è una nostra idea. La convivenza, all'interno di un'ecologia, è piena di lotte, fra piante, fra animali, fra animali e piante, competizioni interspecifiche e intraspecifiche. La natura non è rose e fiori, probabilmente non si pone domande e ha come primo interesse la sopravvivenza della specie. In realtà non esistono nemmeno equilibri, perché se ci fosse equilibrio, non ci sarebbe evoluzione. Ogni specie si nutre ed evolve per nutrirsi con più facilità e di conseguenza, si evolve per non essere nutrimento. Nessun equilibrio, ma una continua lotta di adeguamenti e contromosse. Oltre a tutto questo, anche molti fattori abiotici influenzano l'evoluzione della componente biotica e le relazioni tra i vari organismi e l'ambiente. Questo interessante, continuo, lento e leggero squilibrio è il volano dell'evoluzione. Ciò che sta facendo saltare questo delicato meccanismo è la velocità evolutiva dovuta all'ingegno dell'essere umano.

L'evoluzione in sé è un impegno e un risultato notevole per la riproduzione. Ha evoluto animali in soggetti più belli, più forti, più sani, più adatti. La differenza la fa appunto l'ingegno che può sopperire alle mancanze evolutive più fisiche. Possiamo volare senza ali, possiamo sopravvivere al polo nord senza pelo e piume, possiamo muoverci più velocemente, curarci e moltissime altre cose. Il resto degli esseri viventi non riesce a evolvere in questo senso alla stessa nostra velocità. Fisicamente, sul percorso evolutivo, corriamo, probabilmente, ad armi pari, intellettualmente (a dire il vero se mi guardo in giro questo vocabolo non lo trovo adatto), invece, c'è un abisso. Quello che siamo in grado di fare oggi, era impensabile, 10.000 anni fa, così come 50 anni fa. L'ingegno ha portato con sé una tecnologia e un sapere che non ha uguali. Non abbiamo quasi competitor, se non minuscoli organismi, virus, batteri, eccetera più o meno sconosciuti, contro i quali la nostra evoluzione fisica (genetica) non sempre ha reagito a dovere e contro i quali il nostro ingegno non è sempre al passo. Sta di fatto che proprio questo nostro sapere, dovrebbe essere usato per influenzare il meno possibile gli ecosistemi. È assurdo che un così grande vantaggio non venga sfruttato intelligentemente, ma venga incoscientemente o coscientemente usato in modo svantaggioso, a breve ma soprattutto a lungo termine.

Consigli:
Richard Dawkins, Il più grande spettacolo della terra
Stephen Jay Gould Il pollice del Panda

IV
Paura e aggressività sono cose diverse?

A volte mi sono trovato improvvisamente a pochissima distanza da alcuni animali selvatici, fatto non comune vista la loro grande capacità nell'individuarci a distanza. Che fossero serpenti, artropodi o carnivori, la mia prima impressione era quella di stupore reciproco. La si poteva notare dalle loro diverse reazioni in base alla specie. I miei primi pensieri riguardavano le probabili diverse sensazioni. Se io, stupito nell'averli lì vicino, pensavo a come muovermi per non spaventarli, per non farli sentire minacciati e renderli magari pericolosi per difesa; loro probabilmente mi vedevano come un predatore o comunque come un pericolo. Questa differenza è un punto fondamentale.

L'aggressività può essere chiamata così se è in realtà un tentativo di difesa? L'aggressività a prescindere, è diversa? Secondo me sì. Dobbiamo differenziare e non confondere una reazione dovuta alla paura di essere preda da quella scaturita dall'ignoranza. Se io prendessi un badile e uccidessi un serpente, magari nemmeno velenoso ma tranquillo nella propria esistenza, io sarei un ignorante.
Se un serpente mi mordesse perché lo calpesto o quasi, sarebbe una reazione di difesa. È strano che non vogliamo vedere queste differenze quando noi stessi nella nostra legislazione invochiamo la legittima difesa in caso di omicidio per difesa.

Sull'aggressività animale Konrad Lorenz ha scritto due interessantissimi libri: *L'aggressività* e *Il cosiddetto male*. Da etologo è convinto che essa sia uno sfogo ciclico istintivo.

Quest'idea non sarebbe nemmeno molto lontana dall'idea freudiana riguardo all'aggressività umana.

Sempre secondo Lorenz, questo comportamento aggressivo ha come fine la salvezza dell'individuo e della specie stessa.

Gli etologi in generale distinguono due aggressività diverse, una intraspecifica e una interspecifica (verso la preda). Sempre secondo Lorenz la vera aggressività è quella intraspecifica, quella fra animali della stessa specie, che ha come risultato e fine la conservazione della specie.

Suddivide invece l'aggressività interspecifica in tre tipologie:

- quella del predatore;
- quella della preda che reagisce;
- quella di una preda molto più piccola o debole che attacca perché non vede vie di scampo.

Le motivazioni delle due aggressività sono ben diverse, quella interspecifica (es. la predazione) è per la propria sopravvivenza, quella intraspecifica è per la conservazione della specie. Quest'ultima aggressività (territoriale) è utile, perché distribuisce la specie sul territorio ed evita il sovraffollamento con le sue ricadute negative. Si può dire che gran parte dell'aggressività di un animale è utilizzata per la difesa del territorio; territorio utile per la riproduzione e le attività biologiche fondamentali e quindi per la salvaguardia e la conservazione della specie. Nonostante l'aggressività, esiste un equilibrio che secondo Lorenz (e la penso come lui), è disturbato dall'uomo. Sempre Lorenz asserisce che a minacciare una specie non è il predatore, ma il concorrente. Io aggiungerei che l'essere umano riesce a fare entrambe le cose e solo leggi severe e restrizioni riescono a evitarlo. Sicuramente la specie umana è l'unica a minacciare un concorrente interspecifico fino all'estinzione.

Esiste anche un'altra aggressività, quella che vediamo nelle specie sociali e che Lorenz chiama principio gerarchico.

La domanda che però dobbiamo farci è: perché tutti gli altri ci vedono comunque come un pericolo? Quanto di questo punto di vista è intrinseco alla differenza di specie e motivato dalla catena alimentare e quanto da persecuzioni di comodo ed interesse?

Quali sono gli elementi che provocano timore e rispetto in natura? La grandezza/stazza/forza/età (anche all'interno della stessa specie), la specie (predatore o competitor), le armi a disposizione (canini, artigli, becco, eccetera), il veleno, odori repellenti, tossicità, il numero degli antagonisti, la memoria della specie (genoma) e del singolo individuo e altre. Mi interessa la memoria del singolo individuo, forse perché, come si sa, per noi umani a volte lascia a desiderare ed è spesso confusa, esagerata, labile, suggestionale, distorta, bloccata e tendente ad attribuzioni errate.

Penso che anche qui, fra noi e gli altri animali, ci sia un grandissima differenza: se per loro la memoria è di specie e del singolo individuo (il tale cigno che viene preso a sassate da dei ragazzi), nel nostro caso si aggiungono le storie, le fiabe, le leggende e tante menzogne (il dono della parola) che creano memorie errate talmente diffuse che non sono più memorie del singolo, ma quasi della specie, non dovute al genoma ma alle credenze errate e assurde. È difficile suddividere queste paure fra quelle dovute a recenti fantasie/ignoranze e quelle causate dal vero atavismo. Vedo che spesso si giustificano le proprie paure e azioni, che sono un eredità diretta dei nostri antenati (racconti), con il vero atavismo biologico. Un alibi.

Consigli:
Konrad Lorenz L'Aggressività

V

Osservare i comportamenti animali è emozionante, ma totalmente inutile se non ci poniamo domande sul perché di quelle azioni

Mi intriga lo sguardo di alcuni animali, non so il perché, forse è l'abitudine ad osservare e studiare quelli umani che spesso tradiscono molte cose. Ma funziona con pochi, la maggioranza delle specie ha occhi così diversi dai nostri che mi risulta impossibile anche solo pensare di volerli leggere. Anche la mimica facciale dipende dalla specie: se un lupo ne ha molta, come diversi mammiferi, altri ne sono praticamente privi. Sono altri i particolari da tenere d'occhio in questi casi. È veramente interessante osservare e studiare le reazioni corporee degli animali, noi siamo abituati in primis al timbro della voce, alle parole dette (sincere o meno), alla secrezione di sudore e a movenze per noi tipiche. Con loro cambiano molte cose, minimi movimenti, anche di arti, che tradiscono le prossime azioni. Persino il cambio di colore, odore, dimensione ci rivelano molte informazioni. Spesso sono dettagli, cosi piccoli o veloci che non li notiamo nemmeno. Anche in questo caso abbiamo un vantaggio, la possibilità del loro studio. Con la nostra osservazione o con quella di chi li ha osservati per noi, possiamo interpretare i loro comportamenti. Quando osservo una specie che conosco mi focalizzo sui suoi movimenti per interpretare e anticipare le sue possibili mosse, il suo "stato d'animo" e mi chiedo cosa stia osservando lui, a cosa stia attento, quale mia mossa lo possa innervosire, impaurire o rendere sicuro; quali siano i movimenti, le reazioni, i rumori e gli odori umani che faranno scattare una reazione o un'altra. Ma soprattutto da dove arrivano queste informazioni? Cosa spinge come reazione difensiva verso la fuga o l'attacco? È impossibile non pensare a Niko Tinbergen e alle sue famose 4 domande:

1- il perché di un comportamento, la funzione. Come migliora sopravvivenza e successo riproduttivo. (Funzione)

2- il perché su evoluzione, filogenesi, del comportamento. Come si è sviluppato. (Evoluzione)

3- il perché su cosa causa un comportamento, quali fattori esterni e interni portano ad un'azione in un dato momento. (Causazione)

4- il perché sullo sviluppo (ontogenesi) di un comportamento. Come cambia durante la crescita e lo sviluppo, e quali fattori interni e esterni, influenzano processo e risultato. (Sviluppo)

Questi 4 perché, vengono suddivisi in due gruppi:

1- Cause prossime:
Meccanismi (causazioni)
Ontogenesi (sviluppo)

2- Cause ultime
Adattamento (funzione)
Filogenesi (evoluzione)

Tutte queste domande toccano campi della biologia molto diversi fra di loro: fisiologia, filogenesi, neurobiologia, ecologia e molti altri. Un etologo deve sapersi districare fra molte scienze, ricercare e capire dati di molte materie. Non è il mio caso, non ne ho le facoltà, ma mi piace osservare e notare le cose, pormi queste domande, darmi delle risposte, quando è possibile, e confrontarle con quelle ufficiali della ricerca scientifica. Molte domande sono ancora senza risposta ed è proprio questo a stimolare la mia investigazione.

È affascinante osservare esseri così diversi da noi, diversi esteticamente, ma soprattutto nelle abitudini, nell'istinto, nei comportamenti e nello sviluppo. Come fa a non interessare per esempio la metamorfosi? Anche quella di un semplice rospo comune - Bufo bufo: quando è ancora girino vive in acqua, è erbivoro (alcune altre specie non lo sono) e respira grazie a delle branchie; mentre in fase adulta passa la maggior parte della sua vita in un habitat terricolo, si nutre di invertebrati, insetti, altri artropodi, molluschi e persino piccoli vertebrati e possiede dei rudimentali polmoni. O un bruco erbivoro che successivamente vola e si nutre di nettare? Meraviglie che devono porre delle domande!

Consigli:
Aubrey Manning e Marian Stamp Dawkins, Il comportamento animale
Konrad Lorenz, L'anello di re Salomone
Carl Safina, Al di là delle parole
Bernd Heinrich, La mente del corvo
Peter Godfrey Smith, Altre menti

VI
Le piante tifano per i leoni!

L' ecologia studia le interrelazioni fra gli esseri viventi
e il loro ambiente fisico. Non è la semplice protezione
di un ambiente o di un animale ma consiste nello studiare e capire i rapporti fra esseri viventi e ambiente.

Ho sempre visto l'ecologia come una bambola matrio-
sca, un'infinità di ecosistemi all'interno di altri ecosistemi più grandi. La differenza è che questi sistemi
non sono ermetici ma sfumano, e molti esseri viventi
possono vivere e spostarsi da un ecosistema a un altro
in base a stagioni, abitudini, orari, temperature, eccetera. Siamo circondati da ecosistemi: il bosco, il mare,
un prato, un parco, una pozzanghera, un'aiuola ed altri, piccoli ed enormi.

Gli ecosistemi sono composti dalla comunità biotica
(esseri viventi che interagiscono fra di loro e con
l'ambiente) e dagli elementi abiotici (non viventi, acqua, terra, temperatura, luce, eccetera). Ognuno avrà
notato che i fattori abiotici influenzano la presenza, il
comportamento e la vita di tutti gli esseri viventi. Un
pesce e un cactus hanno bisogno di quantitativi diversi
di acqua. Ogni vegetale ha un fabbisogno di luce, di
sole e di nutrimenti diverso. Molti animali esigono
temperature diverse, sia come specie che durante il ciclo fisiologico. La variabilità di fattori biotici e abiotici creano di volta in volta un ecosistema diverso.

Un quesito che mi ponevo da bambino era: "…ma per l'erba il leone è un Dio?"

Gli organismi viventi si possono suddividere in:

- Produttori
- Consumatori
- Decompositori

I PRODUTTORI, organismi autotrofi, sono in grado di produrre (grazie alla fotosintesi clorofilliana) delle sostanze organiche partendo da sostanze inorganiche. Piante, alghe, batteri fotosintetici (cianobatteri). Sono indispensabili per gli ecosistemi e solo loro sanno trasformare l'energia del sole in un'energia chimica utilizzabile da tutti gli altri organismi.

I CONSUMATORI (animali e funghi), sono organismi eterotrofi e non sono in grado di produrre sostanze organiche, dipendono da altri esseri viventi e vengono suddivisi in tre gruppi:

- primari;
- secondari;
- terziari.

I consumatori primari sono animali erbivori (non solo mammiferi) e si nutrono di PRODUTTORI.

I consumatori secondari sono carnivori, onnivori, uccelli rapaci o insettivori, rettili, pesci, aracnidi ecc. che si nutrono di consumatori primari.

I consumatori terziari sono grandi carnivori e si nutrono di consumatori secondari e primari. Sono normalmente all'apice della catena alimentare.

I DECOMPOSITORI sono organismi eterotrofi che si nutrono di sostanza organica che deriva da esseri viventi morti, di rifiuti di esse (feci urine) o di parte di essi (foglie, frutti, eccetera). Costoro demoliscono la sostanza organica trasformandola in sostanza inorganica rendendola così, nuovamente disponibile ai PRODUTTORI.
Oltre ai funghi, fra i decompositori troviamo batteri (non fotosintetici) e diversi invertebrati (lombrichi e alcune specie di larve)-

Questi rapporti alimentari sono chiamati livelli o rapporti trofici e tutti insieme producono il circolo (flusso/apporto) di nutrimenti che permette la vita.

Il primo livello è quello dei produttori (autotrofi) che grazie a CO2, acqua, minerali e luce solare riescono a ottenere sostanza organica. (carboidrati tramite la fotosintesi)

Il secondo livello è composto dai Consumatori (erbivori).

Il terzo livello è composto dai consumatori secondari.

Il quarto livello è composto da consumatori terziari.

Il quinto livello è trasversale, ed è quello dei decompositori.

Tutto ciò fa parte della CATENA ALIMENTARE, che a sua volta si divide in due parti:

- catena dal pascolo;
- catena del detrito.

Quella dal pascolo la possiamo riassumere in breve in questo modo: Erba - Gazzella - Leone.
Quella del detrito, così: Humus - Lombrico - Beccaccia.

Queste catene alimentari possono essere moltissime, con attori diversi e interconnesse fra loro e danno origine alle RETI ALIMENTARI. Come potete immaginare, moltissime specie appartengono a diverse catene alimentari.

Ora che probabilmente avrete un'idea un po' diversa e più precisa della parola ECOLOGIA spero che pian piano cambierete anche alcune opinioni e convinzioni; forse capirete meglio il mio modo di pensare nei racconti della seconda parte del libro. Infatti, gli ecosistemi che ci circondano sono classificati come naturali o artificiali e la differenza la fa l'attività e l'intervento umano.

Le differenze sono abbastanza facili da intuire, ma soprattutto si notano facilmente. Un ecosistema artificiale ha meno specie presenti, non è autosufficiente, l'uomo deve intervenire apportando sostanze organiche o inorganiche, magari sottraendole da ecosistemi naturali. Senza l'intervento umano questi ecosistemi sono instabili e se lasciati "incolti" torneranno lentamente a un ecosistema naturale. Gli ecosistemi naturali invece, grazie a un continuo scambio di materia, e di conseguenza di energia fra di essi, sono in equilibrio e rimangono stabili grazie all'equilibrio delle varie popolazioni che li compongono. Alcuni esempi di ecosistemi artificiali sono quelli agricoli (agroecosistemi) o i pascoli dedicati alla zootecnia; essi hanno pochissime specie, sia vegetali che animali. Per finire il cerchio vediamo un po' cosa si intende con le parole Habitat e Nicchie Ecologiche, tanto di moda.

L'habitat è l'insieme delle caratteristiche ambientali, chimiche (sostanze nutritive, acidità, pH) e fisiche (temperatura, luce) dove un organismo cresce e vive (il luogo). Ogni habitat ha un insieme di specie viventi diverse (la comunità biologica). In ogni habitat le varie specie occupano una specifica NICCHIA ECOLOGICA che corrisponde al ruolo ecologico che ogni organismo vivente ha in quel determinato habitat (il ruolo). È lo spazio in cui interagisce con le altre specie e con l'ambiente fisico. Quando osservo tutto questo e mi rendo conto di quanto ogni cosa sia collegata a tutto, quanto tutto abbia un suo ruolo, mi risulta difficile avere delle preferenze o delle simpatie. Questo mondo, così com'è, mi affascina e so che solo interferendo poco, cambierà poco. So anche che egli cercherà sempre e comunque di tornare ad un ecosistema naturale; magari diverso, ma comunque naturale. È ovvio che l'uomo non possa continuare a esistere senza interferire, è naturale che l'azione umana sia presente, ma deve cercare di aver un impatto che non vada oltre al dovuto. Non trovo, non vedo e non giudico il bene e il male in natura, e non lo divido di certo fra regni o ordini. Come abbiamo visto tutti, Produttori, Consumatori (tutti i gruppi) e Decompositori hanno un loro specifico ed essenziale ruolo; proprio per questo non posso e non si dovrebbero avere simpatie, pregiudizi o assurde morali riguardo alla dieta alimentare. Erbivori, carnivori, onnivori, granivori, insettivori, frugivori, ognuno svolge un ruolo fondamentale.

Consigli:
Thomas M. Smith e Robert Leo Smith, Elementi di ecologia
John R. Krebs e Nicholas B. Davies, Ecologia e comportamento animale
E.P. Odum, Principi di ecologia

VII
Ogni specie ha un suo habitat ideale
e si ritaglia la sua nicchia ecologica. Noi?

Qui iniziano altre domande. Posso sicuramente utilizzare i 4 perché di Tinbergen, (qui li semplifichiamo in: perché si è formato? Come si è sviluppato? Qual è la funzione? Come si è evoluto?) o magari tirare in ballo le 4 cause di Aristotele ma... Noi siamo diversi, giusto? Quale sarebbe il nostro habitat ideale? Intendo quello vero. Non quello permesso dal nostro ingegno. Avremmo bisogno di un clima favorevole, la presenza di animali facili da cacciare, di piante da coltivare tutto l'anno, di acqua. Non è un caso se l'essere umano si è evoluto in certe zone del mondo con habitat favorevoli. L'evoluzione e lo sviluppo del nostro intelletto ci ha successivamente permesso di adeguarci, anche in periodi molto lontani ad habitat diversi. Pensiamo agli eschimesi che circa 4/5000 anni fa si sono trasferiti in Alaska. Io non vivo in un posto estremo, ma senza vestiti, casa riscaldata, negozi alimentari, non sarei in grado di sopravvivere.

Noi siamo in grado di adeguarci, grazie alle nostre invenzioni, ad habitat non idonei. Qualsiasi altro organismo vivente, come abbiamo visto, ha un suo habitat idoneo, che è un posto chimico/fisico dove cresce e svolge le sue funzioni vitali. Forse è proprio questa nostra convinzione o strafottenza, che ci fa snobbare l'importanza di un habitat. Lo dimostra il fatto che non ce ne importa nulla nemmeno se ci stiamo giocando il pianeta; figuriamoci se ci accorgiamo di perdere degli habitat più favorevoli di altri quando li possiamo rendere comunque idonei alle nostre esigenze (seppur stravolgendoli agli altri esseri viventi).

Tutto questo ci fa sentire ovunque nel NOSTRO habitat, ogni luogo è una NOSTRA nicchia ecologica, ed il nostro RUOLO è essere padroni di tutto.

Se guardiamo gli altri animali e più precisamente alcune singole specie, nella norma hanno habitat molto più ristretti dei nostri, spesso piccolissimi. Il fatto che noi abbiamo così tanti competitor è anche dato da ciò, e tanti più saranno i territori ai quali ci adegueremo, tante più saranno le specie con le quali dovremmo confrontarci. Più interessi avremo in tali territori, più specie interferiranno con noi. Basti pensare ad una cosa semplicissima. Se lasciamo un terreno incolto intorno a casa molto probabilmente non avremmo la minima idea delle specie che ci vivono e non ci accorgeremmo nemmeno della loro presenza. Se però lo trasformassimo in un prato inglese, potremmo scatenare una guerra con qualche talpa o cinghiale che ci rovina il prato. Se nel prato coltivassimo dei ciliegi, ci accorgeremmo che merli, tordi e storni ci rubano i frutti e che alcuni artropodi attacchino la pianta. Il terreno era nostro prima e lo è anche ora, ma il Ruolo (la nicchia ecologica) di questi animali diventa noto soltanto ora, perché interferisce con il nostro interesse. Questi animali, come detto, erano presenti anche prima, potevano vivere lì o essere semplicemente di passaggio, solo che hanno acquisito un impatto per noi. Quindi la nostra aggressività nei loro confronti cambia in base alle nostre attività e alla dimensione che diamo al nostro habitat. Purtroppo, come abbiamo visto, abbiamo un'idea assai bizzarra del NOSTRO habitat, anche perché non ci accontentiamo di scacciare i nostri antagonisti ma li perseguitiamo fino in capo al mondo. Ecco la differenza fra l'aggressività animale e il nostro odio.

Amen.

VIII
Predatori

- 35 -

Se si sente parlare di predazione le prime scene che vengono in mente ai più sono quelle di un leone o di un lupo che preda una gazzella o un capriolo. In realtà le predazioni comprendono forme diverse e non sono altro che il consumo di un organismo vivente, intero o in parte, da parte di un altro. Queste forme si suddividono in: specie che portano alla morte dell'altra specie e quelle che consumano solo una parte di esse. Qui è facile pensare ai carnivori e dimenticarci di onnivori, insettivori e degli erbivori che brucano e defogliano ma che nonostante il danno creato alla pianta solo raramente la portano alla morte. Le piante legnose se subiscono una forte defogliazione, vengono indebolite (il consumo delle risorse energetiche causa nuova crescita) e sono più vulnerabili a varie malattie e insetti.

Negli erbivori fanno eccezione i predatori di semi (uccelli, roditori, eccetera) e quelli di fitoplancton. In questi casi il consumo della specie è totale. Esistono poi i parassiti che, come la maggior parte degli erbivori, si cibano di una parte delle loro prede.

Il parassitismo avviene sulla preda ancora viva e nonostante la dannosità, solo raramente porta alla morte nel breve periodo. Molti di loro vivono sopra o all'interno del loro ospite per un ciclo della loro esistenza. Oltre ai parassiti ci sono i parassitoidi, insetti che depongono le loro uova all'interno di un ospite che successivamente verrà divorato dalle larve.

Le interazioni fra prede e predatori (mortalità e natalità) regolano i cicli di entrambe le popolazioni. La popolazione della preda è regolata dalle predazioni ma anche la popolazione dei predatori è regolata dal consumo di prede. Non dobbiamo dimenticare che gran parte dei predatori è a sua volta preda e che predatori e prede hanno una co-evoluzione.

Sia gli animali che le piante cercano di difendersi dai predatori. Gli animali possono usare il mimetismo (difensivo), colori di avvertimento, secrezioni tossiche o disgustose, corazze, comportamenti di difesa o distrazione e molto altro. Le piante si difendo in altro modo, possono avere sostanze tossiche, spine o aculei, possono essere inappetibili o non digeribili. Non di meno anche i predatori sono in continua evoluzione, dal mimetismo (in questo caso aggressivo) alle varie tecniche di caccia: ricerca, attacco e agguato. Anche riguardo a questo son sicuro che penserete ai grandi predatori, ma considerate i ragni che in base alle varie famiglie di appartenenza usano le diverse tecniche di predazione. Alcuni vanno alla ricerca delle prede e le cacciano, altri si mimetizzano e tendono agguati, altri ancora aspettano che la preda finisca nella loro ragnatela.

Ora, come avrete capito, queste interazioni fra vegetali-erbivori- carnivori fanno parte di un ciclo unico. Infatti, il rapporto piante - erbivori ed erbivori - carnivori sono strettamente collegati; torniamo così ai tre livelli trofici (ruoli). Se uno dei tre livelli è meno pre-

sente, ne soffre tutto il ciclo: se manca l'erba, calano
gli erbivori e calano i predatori; ma calando gli erbivori poi l'erba aumenta, facendo aumentare nuovamente
gli erbivori e di conseguenza i predatori. Se i predatori
eliminano troppo gli erbivori, crescerà molta erba, ma
la mancanza di erbivori farà automaticamente anche
diminuire i predatori. Nel frattempo, grazie alla molta
erba e alla carenza di predatori gli erbivori aumente-
ranno di nuovo, così facendo i predatori torneranno in
un numero equilibrato. Questi cicli con alti e bassi nu-
merici delle varie specie si possono notare facilmente;
ci sono sempre stati anni, anche a cicli brevi, nei quali
sia roditori che insetti o altri artropodi erano in gran
numero o quasi assenti. Il problema nasce se questi
equilibri vengono alterati da fattori esterni, ad esempio
dall'uomo.

Come detto nel capitolo che riguarda l'aggressività, il
fattore che minaccia una specie non è il predatore, ma
il concorrente e proprio per questo motivo non dobbiamo dimenticarci delle due velocità di evoluzione (altri
animali e essere umano). Gli equilibri vengono infatti
alterati significativamente grazie all'ingegno inventi-
vo; ed è valido, in questo caso, sia per la concorrenza
che per la predazione. Se pensiamo a un recentissimo
passato molte leggi (leggi sul prelievo dei soggetti in
un numero massimo, differenziati per sesso e anziani-
tà, con periodi di tutela, eccetera) hanno salvato specie
interessanti e redditizie e hanno sterminato invece
quelle che erano, e ancora sono, considerate concorrenti (rapaci, grandi carnivori, onnivori e altri carnivori scomodi).

IX
Da dove arriva quel comportamento
che ci incuriosisce e affascina?

La mia prima domanda è se sia opera dell'istinto o dell'apprendimento. Non credo sia sempre facile distinguere le due cose. Ovviamente ci sono azioni facili da catalogare; è pieno di animali che vengono al mondo senza avere come esempio dei genitori o delle guide tra i loro simili; quindi almeno inizialmente, i loro comportamenti sono istintivi. Pensiamo a una tartaruga marina che rompe il suo uovo, scava per uscire dalla sabbia e per salvarsi la vita cerca per prima cosa di raggiungere il mare. La tartaruga nell'uovo sa già come rompere il guscio con il becco, sa che dovrà poi scavare e in quale direzione.

Pensiamo poi ai ragni, che senza alcun maestro sanno costruire ragnatele, vere e proprie opere ingegneristiche, senza anni di università. Ma possiamo anche pensare ad animali più evoluti o agli umani. Un cucciolo o bambino appena nato istintivamente sa cosa deve fare con un capezzolo. Gli animali in genere sono un mix fra comportamenti istintivi (informazioni genetiche), e altri che sono puro apprendimento. Per complicare il tutto esiste però un'altra categoria di comportamenti.

Gli uccelli per esempio, senza aver mai visto prima un altro uccello, sanno volare istintivamente, ma il loro canto invece è leggermente diverso da quello caratteristico della loro specie. Questo dimostra che il canto è istintivo solo in parte e che ha comunque bisogno di apprendimento. Vogliamo complicare ancora un pochino la cosa? Un comportamento particolare può essere istintivo o appreso, in base alla specie. Un serpente sa come procurarsi il cibo, non ha esempi; altri animali invece apprendono tecniche di caccia dai genitori. La natura è piena di perché interessanti da scoprire e studiare. Per esempio, perché alcuni uccelli alla schiusa nascono con gli occhi chiusi, senza piume e devono essere nutriti (es. merli) e altri sanno già vedere, camminare e nutrirsi da soli (es. fagiani, anatre)? Ma, senza andare tanto lontano, consideriamo la nostra classe: i mammiferi.

Un orso sta con la madre circa un anno e mezzo, i cuccioli di lupo possono rimanere nel branco per tutta la vita, o decidere dopo un anno o più di andare per la loro strada. Altri micromammiferi rimangono con la madre settimane, altri mammiferi qualche mese. Ci sono mammiferi con clan matriarcali, come gli elefanti e la iena macchiata, dove le femmine rimangono quasi tutta la vita nel gruppo/clan e dove i maschi invece, raggiunta una certa età, si aggregano ad altri maschi e si allontanano.

Ci sono mammiferi che hanno rapporti solo con le madri, altri con entrambi i genitori, altri con una famiglia allargata. C'è anche un mammifero, la Foca dal cappuccio, che abbandona il suo piccolo dopo soli 4 giorni! È incredibile come gli animali di questa classe, i mammiferi, possano essere così diversi. Alcuni tra questi, nascono nudi, ciechi e sordi; altri nascono e dopo pochissimo tempo sanno già stare in piedi e correre, altri nascono e si sviluppano in un marsupio, alcuni come abbiamo visto stanno anni con i genitori (o con la madre), altri solo 4 ore.

È ovvio che in questi casi la memoria di specie e dell'individuo, istinto e apprendimento, abbiano peso e influenze molto diverse, eppure lo scopo finale accomuna tutti: sopravvivere, crescere e riprodursi per salvaguardare la specie.

Spesso avrete sentito parlare di imprinting. Si riferisce alla forma di apprendimento precoce dei nuovi nati che possiamo dividere in quello filiale e in quello sessuale. Quello filiale è quello forse più conosciuto. Sono state fatte moltissime ricerche da Lorenz, specialmente sugli uccelli, ma non solo. Le sue conclusioni sono le seguenti: in molte specie, il primo essere vivente visto da un nuovo nato (alla schiusa o all'apertura degli occhi) viene riconosciuto come genitore e conspecifico. Ciò diventa un problema quando si vogliono allevare dei nidiacei orfani (magari di specie a rischio) per poi liberarli nuovamente in natura. Durante tutto lo svezzamento non devono vedere l'essere umano e spesso si usa un guanto che riporta caratteristiche della sua specie.

Questo vale anche per i mammiferi. Diversi studi hanno fatto notare l'importanza dell'imprinting sessuale. Di norma un uccello cresce vedendo i suoi simili, fratelli e genitori, ma cosa succede se si lasciasse covare un uovo a un'altra specie? In tal caso il piccolo, una volta adulto, dovrebbe tentare di accoppiarsi con la specie dei genitori adottivi e non con la sua, ma proprio qui la natura ci stupisce con un'altra meraviglia. Come fa il cuculo, uccello parassita che da sempre depone le uova in altri nidi, una volta adulto a trovare il partner giusto?

Il cuculo, infatti, non viene influenzato dall'imprinting sessuale; si pensa sia influenzato da una gestalt innata. Altre ricerche fanno pensare che ad avere un effetto simile ad un interruttore sulla sua memoria di specie siano un insieme di caratteri fenotipici o l'effetto vocale di un conspecifico. Per il cuculo femmina l'imprinting fondamentale è ricordarsi la madre adottiva, che sarà la specie ospite del suo futuro parassitismo. Dovrà imprintarsi oltre alla specie, anche il suo habitat di riproduzione per poterla ritrovare. Interessantissimi sono i megapodidi, che non covano le uova ma usano altre fonti di calore ambientali (le coprono e sfruttano sabbia e sole o vegetali in decomposizione o sorgenti geotermali) e sono uccelli davvero precoci. Non conosceranno mai i loro genitori (assenza di imprinting filiale) ma nasceranno con piume e muscoli ben sviluppati. Fra loro un esempio è il fagiano australiano, che dopo sole 24 ore sa già volare. Sembra che per riconoscere i conspecifici, l'istinto si basi sul riconoscimento visivo di alcuni movimenti caratteristici e unici della propria specie.

Consigli
K.Lorenz, L'Etologia

SECONDA PARTE
A spasso nel bosco.

X
Sapere quando fermarsi.

Cosa apportano i più recenti studi scientifici ed ecologici sui grandi carnivori? Le nuove conoscenze riducono solo raramente l'astio che alcune categorie di esseri umani hanno nei loro riguardi. Questo perché solo chi si prende REALMENTE la briga di studiare gli equilibri ecologici e i grandi carnivori, esclude le malvagità dai loro comportamenti. Persino i vari popoli primitivi, che li temono e spesso li identificano come spiriti malvagi per via di varie credenze religiose, non prenderebbero comunque mai in considerazione il fatto di sterminarli; i popoli primitivi non provano odio nei loro confronti. Chi invece odia i grandi predatori è, in passato come al giorno d'oggi, l'uomo civilizzato, che si crede istruito. Uomini che in realtà vivono in un mondo sovraffollato da loro stessi e dai loro animali domestici e che esigono esclusività su tutto. Credo che per riuscire ad odiare qualcuno bisogna essere certi che ci ha fatto un torto consapevolmente, come si può essere certi della coscienza di un animale? Ho sempre vissuto la natura con spirito di ammirazione e di osservazione. Ho sempre cercato di studiare la sua storia. Prima e dopo la presenza dell'essere umano, prima e dopo l'Homo sapiens. Prima e dopo la rivoluzione industriale, e prima e dopo quella che io chiamo l'era delle stregonerie elettroniche. Non ho mai guardato all'uccisione di un animale come a qualcosa di disumano. Non ho mai pensato che un essere vivente si possa classificare di classe A o B o C se non per arroganza umana. Siamo sempre noi che in base alle nostre idee e in base alle circostanze del momento e dei nostri obiettivi creiamo un A, B e C.

E siamo sempre noi che vediamo tristezza nell'uccisione di un capriolo e non ci preoccupiamo se uccidiamo migliaia di insetti su un parabrezza, mentre camminiamo, falciamo l'erba del prato inglese, irroriamo le rose, le mele, il mais, sporchiamo le acque, eccetera. Quindi non mi lascio influenzare dal bello, dal simpatico, dal dolce, dal voluto o no. Anche perché sarebbe troppo semplice nascondersi dietro a un non si può fare altro, non l'ho visto, ce ne sono molti o non soffrono come altri essere viventi. In realtà non ce l'ho nemmeno con la caccia o la pesca (sono pescatore, oramai, ero un pescatore). L'uomo ha sempre cacciato e pescato e molte tribù primitive continuano a farlo. Quello che mi ha allontanato dalla pesca e quello che non mi convince della caccia, è l'approccio della stragrande maggioranza di chi le pratica. La tecnologia ha fatto passi da gigante, e questo ha molti vantaggi. Vantaggi che non si fermano solo alla miglior possibilità di centrare l'obiettivo, la cattura, ma permette anche di far soffrire meno la preda, nel caso della pesca anche di rilasciare la preda sbagliata o farla tornare semplicemente libera. Quello che non mi piace è che nella stragrande maggioranza di che le pratica, nonostante molti si definiscano amanti della natura, non c'è la minima idea di quello che è la natura e la sua ecologia. La caccia e la pesca moderne hanno esempi a non finire di animali spazzati via, non serve tornare indietro al Dodo o al *Pinguinus impennis,* estinto a metà dell'ottocento. Pensiamo recentemente ad alcuni grossi felini, al rinoceronte nero e anche ad animali europei o italiani, lince, lupo, orso, gallo cedrone oppure alla fine che hanno fatto e stavano facendo molti rapaci diurni e notturni. Il problema è che la maggior parte di cacciatori e pescatori non sono ancora pronti; sono ancora al medioevo. Lo si capisce da molte cose, in primis la licenza e poi i guardia caccia e guardia pesca. Nessuno di loro sarebbe in grado di gestire la natura se non fosse controllato e limitato. Bisogna stabilire un massimo di prelievo, un periodo di divieto, delle selezioni, delle misure, dei periodi e delle zone di divieto. C'è così tanto squilibrio che bisogna versare quintali di pesce (spesso alloctono) nei fiumi per poterli poi pescare. Bisognava, o bisogna, liberare cinghiali, fagiani, eccetera, per poterli cacciare; la maggior parte dei cacciatori non capisce che la scusa del sostentamento non regge in questi casi. La caccia e la pesca dovrebbero essere l'anello di un ecosistema, e non un cappio; rappresentare un immergersi nella natura, diventarne un tutt'uno. Studiare l'ambiente, studiare le prede, le tracce, i comportamenti, viverle, non un arrivare a 2000 m in auto. Fare 4 passi, accompagnati spesso dal babysitter che conosce zone e animali, e che deve persino dirti a cosa puoi sparare e a cosa no, perché non riconosci un camoscio femmina da un maschio. Si reputano sportivi e amanti della natura, in fuoristrada e pagando chi prepara loro il tavolo apparecchiato e servito. La maggior parte di coloro che conosco, se non ci fossero limiti, pescherebbe e caccerebbe fino alla fine di esche e proiettili, riempendo 4 freezer. Poco importa se domani non ci saranno più prede. Poi diamo pure la colpa agli altri predatori: aironi, lontre, lupi, linci. Onestamente alla maggior parte dei cacciatori e pescatori che conosco della natura non importa nulla. Fosse per loro, se non ci fossero regole da rispettare, l'unico uccello e pesce ancora in vita sarebbe forse quello fra le loro gambe. La cosa che mi rattrista è che in gran parte sono convinti di mantenere gli equilibri mentre io li chiamerei disequilibri creati da loro stessi. Non sono tutti così, ne conosco tanti e parlo con molti; con la maggioranza ho smesso di confrontarmi, con alcuni mi piace discutere, con altri ho un ottimo rapporto. Sono quelli che probabilmente hanno capito che il mio problema non consiste né nella caccia né nella pesca, ma nell'ignoranza di chi ancora non ha capito che se ci sono tutte queste regole è perché la questione non si regge in piedi. Ora che sono tornati diversi predatori e al tavolo da gioco si è in tre o più, è troppo facile e stupido pensare di vincere eliminando la concorrenza o semplicemente continuando a liberare nuove prede. "Non ci resta altro che combattere le superstizioni con il raziocinio, è un'immensa guerra quella contro le dicerie che costa tempo, pazienza, salute. Ma solo questo può creare un futuro migliore. Nella vita bisogna per prima cosa sapersi porre delle domande, è il primo passo per trovare le giuste risposte."

XI
A lezione dalla miglior professoressa.

Se un essere umano avesse lo scrupolo e l'intelligenza di VEDERE, quando guarda le cose che lo circondano, probabilmente noterebbe molte cose. Moltissima tecnologia moderna è stata ispirata dalla natura. Dal semplice velcro ispirato dalla bardana (*Arctium lappa*), ai treni ultra silenziosi ispirati dal martin pescatore; vetri più resistenti, sicuri e in grado di riflettere i raggi UVA ispirati dalle ragnatele, materiali idrorepellenti ispirati dal fiore di loto. Ma poi ci sono meraviglie ingegneristiche come il Crystal Palace di Londra, costruito nel 1854 ispirato dalla ninfea *Victoria amazonica* o l'Eastgate Building Centre di Harare che sfrutta l'architettura dei termitai per combattere il caldo. Micro robot e bracci robotici ispirati alla lampreda o a proboscidi di elefanti e poi materiali ispirati dalle zampe di gechi, dalle ali dei gufi, da coleotteri. Questa è la biomimesi , lo studio dei processi biologici e biomeccanici presenti in natura con lo scopo di migliorare e sviluppare tecnologie umane. Non dimentichiamo la medicina. Oltre ad un'infinità di medicine estratte da piante, funghi, alghe (erboristeria), moltissime medicine moderne, quelle chiamate chimiche, spesso non sono altro che principi attivi riprodotti da sostanze già presenti in natura. Pensiamo ai prodotti naturali o ispirati ad essi. Dagli antibiotici (penicillina e l'eritromicina) a farmaci utilizzati nel trapianto di organi tipo la ciclosporina e la rapamicina (immunosoppressori), farmaci antitumorali come la trabectedina e la vinblastina, pensate alla morfina e la codeina (analgesici), il chinino contro la malaria e molti altri. Ma non finisci qui, ci sarebbe da scrivere per anni. Infine, ogni essere vivente animale, vegetale o altro può essere immune a qualche malattia o resistente a certe carenze o problematiche. Possiamo studiarne il genoma per capire queste meraviglie, questi segreti. La scienza ha un enorme parco giochi dove attingere sapere e soluzioni. Ed è proprio questo che mi fa incazzare come una bestia quando l'essere umano non capisce che ad ogni estinzione, di un qualsiasi essere vivente, perdiamo un'occasione unica, irripetibile, per capire, osservare, studiare quella struttura, quel genoma, che un giorno avrebbe potuto risolvere problemi o salvarci il culo! Pensateci ogni qualvolta ci giochiamo una specie. Ogni volta ci giochiamo la possibilità di una vita migliore.

Consigli
M. Fournier, Biomimesi, quando la natura ispira la scienza

XII
La storia infinita del tutto.

Spesso penso a tutti i viaggi che ho fatto, a quelli che farò e a quelli che purtroppo non riuscirò a fare. Poi penso a me stesso, guardo i miei piedi fissi al suolo, le mie mani. Cosa mi hanno permesso di fare. Penso a come sono invecchiati, di cosa sono composti, guardo questa ghianda che ho in mano e penso alla sua struttura, ai suoi componenti. Carboidrati, vitamine, proteine, minerali, grassi. Penso che per quanto io e la ghianda possiamo viaggiare, alla fin fine come ghianda e come Mirko abbiamo viaggiato assai poco in confronto ai nostri mattoncini. Mi immagino l'atomo di carbonio, sul quale si basa la vita e i suoi incredibili viaggi, fino dalla notte dei tempi, condannato a un percorso senza fine. Penso a questa ghianda, e al suo minuscolo atomo di carbonio, che non sa quale sarà il suo prossimo viaggio, non sa se germoglierà e diventerà rovere, forse diventerà parte di un cervo fra qualche giorno, forse diventerà un germoglio e parte di cervo fra qualche mese. Diverrà un muscolo e poi farà parte di un umano o forse di un lupo? Forse pelo, e prima di diventare humus magari accoglierà dei pulcini strutturando un nido o scalderà dei topi selvatici. Potrebbe, passando per la decomposizione, diventare la struttura di un'altra pianta, magari un pino, una pigna, un seme, essere mangiato da un uccello e diventare piuma o essere mangiato da uno scoiattolo e diventare cibo e contemporaneamente far parte di una martora. La carogna della martora potrebbe diventare tasso o volpe e da volpe potrebbe diventare una lince. O escrementi di lince, che diverranno qualche minuscolo animale che la decompone o forse un altro vegetale o un fungo. Magari diventerà polline e farà un lungo viaggio, o nettare e diverrà un insetto e poi rondine, viaggerà fino in Nigeria e magari diventerà un rapace o cibo per pesci del mediterraneo, magari uno squalo o plancton o un piccolo crostaceo, poi balena; magari un'eccezionale balena grigia e con essa andare in California e poi su fino all'Artico per tornare molti anni dopo nuovamente crostaceo, mollusco, alga o pesce. Diventare una foca, un eschimese, un orso o forse un'orca. Tornare in California forse. Guardo la mia mano e questa ghianda e mi chiedo da quanto tempo realmente esistano i nostri mattoncini. Che viaggi abbiano fatto. Cosa e chi sono stati. Cos'hanno vissuto e dovuto vivere. Sarebbe bello poter attingere ad alcune loro esperienze, o forse no, comporterebbe troppo caos, troppe paure, troppe sofferenze, e allora va bene così; bisogna godersi il momento, almeno quando è possibile, crescere con le proprie esperienze e attingere, cernendo, da quelle degli altri, osservando, valutando, immaginando. Buon viaggio ghianda, magari incontrerò alcune parti di te fra qualche anno, osservando una quercia, un corvo o chissà chi. Sorrido, è strano pensare che io, quella quercia e quel corvo potremmo essere composti da atomi che in precedenza formavano varie molecole di un singolo essere vivente o se magari della sostanza organica sedimentata in fondo al mare avesse dato origine a delle rocce sedimentarie organogene contenenti carbonio? Quindi sostanza morta che grazie al tempo e agli eventi atmosferici prima e batteri e vermi poi, tornerà terriccio del quale una pianta si nutrirà inglobando il carbonio nuovamente in una materia viva. Che ciclo fantastico la vita e la mancanza di essa! Eravamo, siamo, saremo, sempre un po' di tutto.

(Pensieri d'autunno 2019)

XIII
Nulla di nuovo, sono come sempre in ritardo.

Ogni volta che sto seduto nel bosco ad aspettare qualche animale, ogni volta che vado in giro alla ricerca di tracce, la mia testa continua a indagare su tutto ciò che mi circonda. Se si è curiosi, si viene facilmente rapiti dai misteri che offre il bosco, la natura.

Si è circondati da milioni di esseri viventi con strutture, interazioni, esistenze, per noi o almeno per me, assai bizzarre. Ma so che quasi tutto ha un perché. Quindi osservo e mi scervello. Giungendo o meno, a conclusioni, risposte, esperienze.

Leggendo un'infinità di libri succede di leggere di persone semplici o scienziati, che si sono posti le stesse domande. Leggo le loro conclusioni e mi ci ritrovo, la cosa più affascinante è il confrontarsi, conoscere le loro idee, le loro ricerche, i loro risultati spesso diversi, spesso interessanti e magari improvvisamente logici. Spesso vedi che tizio si è posto le stesse domande dall'altra parte del mondo, e magari 300 anni prima.

Altre volte leggi che hanno appena risolto un problema a cui avevi dedicato tempo qualche decennio fa. Ogni tanto trovi le tue stesse conclusioni e sei felice di sapere che non ti eri sbagliato, oppure non sei l'unico ad esserti sbagliato. Non ci si annoia, se si ha spirito d'osservazione, ci si fa solo molte domande.

XIV
Cambiamento

"Papà che serpente è?"
"Un giovane *Zamenis longissimus*."
"Un Colubro di Esculapio? Ma no, ti sbagli."
"È solo giovane, ha una livrea diversa per quello. Anche molti altri serpenti e non solo loro, da giovani hanno colorazioni o disegni diversi dalle loro caratteristiche tipiche di adulti."

Grazie a Nicolas inizio a pormi diversi perché. Il mio primo pensiero fu, perché un animale ha quella specifica colorazione? La risposta era abbastanza semplice, ricordavo due motivazioni. La prima era quella di passare inosservati sia come preda che come predatore, la seconda era relativa alla riproduzione. Essere più attrattivi di altri. Ovviamente sapevo che le due cose erano spesso in contrasto fra loro e si limitavano a vicenda. Eppure l'evoluzione in certi casi ha preferito una via e in altri, un'altra. Sapevo che c'erano molti studi a riguardo ma al momento mi girava per la testa un'altra cosa. Anche i cuccioli di capriolo sono molto diversi da piccoli, per prima cosa non hanno odore per non attirare predatori, e questo è il motivo per cui la madre sta loro lontano, tranne durante l'allattamento. Questa cosa purtroppo fa pensare alle persone, ignoranti in materia, che questi siano abbandonati e così li toccano o li sottraggono alla loro madre, condannandoli, spesso, al peggio. Un cucciolo di capriolo che viene toccato da un essere umano verrà molto probabilmente abbandonato dalla madre definitivamente. Vi prego per questo motivo di non toccarli mai e di allontanarvi il prima possibile.

Oltre a non avere odore, hanno un manto diverso ricoperto da quelli che sembrano pois bianchi, riconosciuto come manto pomellato. Esso serve a mimetizzarsi meglio.

Altri animali usufruiscono del mimetismo criptico o del polimorfismo, (falene e altri artropodi) per nascondersi o per complicare l'adozione di un'immagine di ricerca ai predatori, altri usano colori sgargianti per avvertire della loro tossicità, altri ancora imitano animali pericolosi, il famoso mimetismo batesiano. I primi due serpenti locali, che sono abbastanza diversi fra giovani e adulti, che mi vengono in mente sono appunto il Colubro di Esculapio e la Natrice dal Collare. Il loro pattern cambia, da giovani hanno entrambi delle macchie gialle molto evidenti all'altezza del collo, macchie che da adulti scompaiono quasi completamente. Ma anche i colori e il disegno di tutto il resto del corpo cambiano. Entrambi i serpenti sono innocui e mi chiedevo se quel giallo non fosse un avvertimento ai tanti predatori che possono attrarre da piccoli. Anche le colorazioni dorsali e il pattern diverso dovevano per logica avere delle motivazioni. Da piccoli frequentano habitat diversi? Hanno bisogno di un mimetismo diverso, come i caprioli? Non ricordavo di aver letto nulla a riguardo sui serpenti e quindi mi promisi di approfondire la cosa. Nei giorni seguenti ho cercato di trovare qualche ricerca a riguardo, ma non sono riuscito a trovare nulla.

Ho trovato invece molti scritti sul loro pattern che cambia spesso in base alle zone geografiche (e al sesso, dove è diverso il contrasto fra colore di fondo e pattern) e anche alle subspecie. Sicuramente l'habitat ha influenzato la selezione naturale e quindi ci sono differenze cromatiche, ma perché quelle evidenti differenze fra giovane e adulto? Non lo so e le mie sarebbero comunque solo supposizioni come quelle sulle macchie gialle. Sta di fatto che le domande sono sempre più delle risposte e quando non me le faccio da solo me le imboccano i figli.

Consigli

M. Di Nicola, L. Cavigioli, L. Luiselli, F. Andreone, Anfibi e rettili d'Italia
M.Grano, G. Meier,C.Cattaneo, Vipere Italiane

XV
Tracce

Le mie passioni sono le tracce, si sa. Impronte, marcature, predazioni, tane. Riguardo le borre (rigurgiti indigeribili dei rapaci e di molti altri uccelli) e i nidi non sono molto ferrato, sulle fatte (escrementi) di vari mammiferi sono invece abbastanza bravo. Spesso mi chiedono cosa ci trovo di così importante negli escrementi e la mia prima risposta é che uno stronzo è meglio riconoscerlo a chilometri. Ora, a parte le battute, le "fatte" (termine tecnico) svelano moltissime cose.

Le fatte sono interessanti perché oltre a confermare la presenza di una specie, ci dicono anche qualcosa su di essa. Sul suo passato recente (cos'ha mangiato? Quando è passato?), se ci sono cuccioli e in alcuni casi aiutano a capirne il sesso. Le fatte possono avere caratteristiche molto diverse in base all'alimentazione e alla stagione (come succede per i ruminanti con l'aumento e il calo di succhi e sostanza secca vegetale nelle varie essenze di cui si nutrono).

Non sempre è facile cogliere il colpevole; molti alimenti, frutta, lombrichi, noccioli e altri possono interferire nella forma strutturale e così la loro identificazione (Es. fatte di martore e faine che non sono più tipicamente attorcigliate). Molte fatte di erbivori si possono distinguere dalla lavorazione della sostanza. Una fatta di un ruminante (poligastrico) è molto diversa da quella di un equino o di un lagomorfo come digestione. Per molte fatte l'identificazione è semplice, per altre no. Anche l'odore (nel caso di volpe) o il posizionamento può aiutare. Molti animali, con esse, marcano il territorio e le depongono su sassi o oggetti rialzati.

Se si hanno dubbi si possono sezionare (con attenzione visto che possono trasmettere malattie) e studiare. Infine non vanno dimenticati i periodi dei vari cuccioli, dove le dimensioni sono per forza diverse. Una delle cose, però, più interessanti è che ci fanno capire il momentaneo home range.

Animali che si vedono di rado, ci fanno capire in quali zone si nutrono e a quali altitudini trovano momentaneamente cibo.

Molti animali effettuano durante le varie stagioni delle migrazioni altitudinali; queste migrazioni sono legate al clima, ma anche alla presenza di nutrienti. È ovvio che in fondovalle alcuni germogli per esempio, siano presenti circa due mesi prima che ad altre altitudini.

L'altitudine seleziona la presenza di varie specie di piante e obbliga gli animali ad adeguarsi. Quindi da una fatta trovata a 1800 m possiamo per esempio capire se l'animale per nutrirsi scenda ad altitudini più basse, o magari il contrario. Ma anche la presenza di noccioli o frutti particolari ci può aiutare a capire in quale zona del bosco sia esso più facile da incontrare. Le fatte ti permettono di conoscere molto meglio quel territorio e i suoi ospiti. In passato grazie ad esse ho avuto la garanzia del ritorno del lupo molto prima che venisse avvistato per la prima volta e ho scoperto che i cinghiali erano arrivati fino a noi.

Al contrario di quello che molti pensano, le fatte sono anche molto più facili da trovare delle impronte; infatti, non serve la neve o del terreno umido per vederle, basta non calpestarle, ma a quello siete già abituati in città.

Consigli:
Tutti i libri di M. Bouchner, di P. Bang/P. Dahlstroem, di Ohnesorge/Scheiba, di H.J.Kriebel, di G. Boscagli, di N. Baker, di Tinbergen, di R.W. Brown, di M.J. Lawrenc, di J. Pope, di A. Lang che parlano di tracce animali.

XVI
Buoni e cattivi?

- 65 -

"Nicolas non credere a queste cose!"

Io e mio figlio stavamo ascoltando una trasmissione all'interno della quale stavano parlando di quanto gli animali fossero migliori degli essere umani.

Ho sempre odiato tali paragoni. Uno perché per quanto mi riguarda sono impossibili da fare, secondo perché non mi piace essere messo nello stesso calderone con altri essere umani, cattivi o ignoranti. Così spiegai a mio figlio che non si poteva giudicare e misurare l'essere umano e gli altri animali con lo stesso metro di giudizio. Gli raccontai di molti animali che ingravidano e abbandonano le compagne e i successivi figli, al loro destino: lince, orso, caprioli, molti pesci e altri (i cani, forse perché domestici? Un lupo non lo farebbe).

Animali che si nutrono spesso dei partner (molti ragni, mantidi e altri). Nel regno animale esiste anche il cannibalismo (api, rettili, criceti). Esistono i parassiti, tra i quali gli uccelli che depongono le proprie uova in nidi altrui e allo schiudersi il piccolo si sbarazza dei fratellastri buttandoli fuori dal nido (cuculo); artropodi che depongono le uova in altri animali. Ci sono gruppi di animali, nei quali maschio e femmina alfa comandano sugli altri. Molti animali predano altri animali e altri predano piante. Molti animali domestici, cani e gatti, uccidono per gioco, senza poi consumare le prede. Gli animali difendono il loro territorio e le loro femmine, aggredendo e ogni tanto uccidendo possibili intrusi o rivali. Ci sono animali che uccidono i piccoli di un altro maschio per far sì che la femmina torni in estro, come il leone e l'orso. E molti altri esempi. Per chi studia gli animali, la realtà è questa.

La propria sopravvivenza, e tutto ciò che essa comprende, giustifica i loro comportamenti; ma come ho detto, con la bontà e la cattiveria ha ben poco a che vedere. I primati di cui facciamo parte, non sono tutti vegetariani. Anzi, la maggior parte è onnivora, e alcuni sono anche cannibali. Gli scimpanzé per esempio ogni tanto formano vere e proprie squadriglie e vanno a caccia di altre scimmie. Vogliamo parlare di alcuni anfibi come il rospo comune? Durante la riproduzione si avvinghiano alla femmina sott'acqua, spesso in due/tre maschi alla volta, dandosi il cambio, scalzandosi a vicenda e mentre i maschi tornano in superficie a respirare, la sfortunata femmina rimane sul fondo dello stagno per colpa del peso dei maschi e spesso annega.

No, il regno animale non è tutto rose e fiori come spesso ci vogliono far credere solo per farci passare peggio di quello che in realtà siamo. Se li si osserva bene, gli altri animali passano la loro vita a difendere il cibo, il loro territorio e il loro partner sessuale. Vivono una vita in competizione per il successo e come già detto combattono per questo. Mi ricordano qualcuno…

Un giorno sempre con Nicolas vedemmo una coppia di corvi che se la prendeva con un altro corvo. Probabilmente era entrato nel loro territorio e la coppia infieriva contro di lui anche quando sembrava volesse allontanarsi. Mio figlio mi chiese perché non la smettessero e così risposi con una frase di Helga Fischer: "Non so proprio che cosa tu voglia, anche le oche (in questo caso corvi) sono soltanto essere umani!"

Questa frase, secondo me fantastica, è stata la sua risposta a un'esternazione di Konrad Lorenz sulle Oche cenerine che stavano osservando insieme.

Consigli
Danilo Mainardi, La strategia dell'aquila
Donald R. Griffin, L'animale consapevole
Robert Hinde, La comunicazione Animale

XVII
"…papà tu ami tutti gli animali?"

"…papà tu ami tutti gli animali?"

Non sapevo cosa rispondere.

"Papà mi ascolti?"

"Ti ascolto Nicolas, sto solo pensando. Non so cosa rispondersi. Forse dipende da cosa significa la parola amare. So che amo te e tua sorella e poche altre persone. Gli animali mi interessano, come mi interessa la natura in generale, solo che alcuni li studio di più. Non posso studiarli tutti, ma sai una cosa? Posso rispettarli tutti, o almeno ci provo."

"Hai mai ucciso qualche animale?"

"Sì, certo. Qualche pesce per mangiare, molte mosche, zanzare e zecche e molti altri artropodi, camminando o viaggiando in macchina; ricordi quanti ce ne sono sul parabrezza quando laviamo la macchina?"

"Sono le zecche ad iniziare! Se non mi pungono tu non le uccidi!"

"Sai è tutto molto complicato, noi facciamo parte di una catena alimentare, ma soprattutto della natura. Quello che è complicato è trovare un modo di vivere che impatti poco. In un modo non troppo invadente. Anche la vacca con la coda uccide qualche tafano perché la morde, mica per mangiarselo!"

Nicolas rise.

Non mi sono mai considerato un animalista, nemmeno un ambientalista. Sono contro le camere stagne. Un po' come nel mio lavoro. Io sono responsabile per la trasformazione di una materia, ma non posso non capirci nulla di come venga prodotta tale materia o di come venga successivamente commercializzato il prodotto che ho realizzato. Proprio per questo credo che se proprio dovessi identificarmi con una parola, preferirei la parola ecologista.

Ogni mio pensiero cerca una risposta nell'ecologia. Per quanto mi riguarda serve sempre uno sguardo ampio sulla totalità.
Per questo motivo preferisco una persona che rispetta un habitat non facendo proprio nulla, a chi ama un solo o pochi esseri viventi di quell'habitat e per salvare lui/loro nella norma fa più danni che guadagni a tutto il resto.

XVIII

Martes foina – Faina e i suoi misteri

Erano anni che trovavo nel bosco dei piccoli mucchietti (di 3-5 cm di diametro) di bacche schiacciate di *Viscum album subsp. austriacum*, parassita su *Pinus sylvestris* e su *Pinus nigra* e, più raramente, di *Viscum album subsp. abietis* parassita su *Abies alba* (abete bianco). In realtà è un emiparassita, perché è in grado di svolgere autonomamente la fotosintesi, ma penetra con i suoi austori il fusto di un'altra pianta per ottenere le sostanze minerali e l'acqua. Il vischio è la pianta sotto la quale ci si bacia sperando nella fortuna, nella famosa tradizione natalizia. La cosa strana è che questi mucchietti sono composti da bacche masticate e rigurgitate. Nel periodo da novembre a inizio marzo, ne trovavo sempre moltissimi. Per me erano un mistero. Inizialmente avevo preso in considerazione la tordela (*Turdus viscivorus*) e la capinera (*Sylvia atricapilla*) ma la quantità e la consistenza non tornavano, non erano mangiate e digerite come nel loro caso. Questi rigurgiti di vischio mi facevano impazzire, fino a quando non ho filmato il colpevole, una faina. Nel tempo ho trovato una ricerca in Germania che parlava di un comportamento simile della martora.

La domanda però che mi tormentava era la motivazione che portava un mustelide a mangiare una bacca tossica per poi rigurgitarla. Oggigiorno si trovano molte informazioni e ricerche più o meno veritiere e verificate sulle proprietà del vischio, sia positive che negative. Tempo fa trovai un testo dove un biologo spagnolo, di cui purtroppo non ricordo il nome, scriveva di presumere che i mustelidi ma anche le volpi, le ingeriscano per indurre il vomito dopo avere mangiato sostanze tossiche o carogne contaminate da patogeni tossici.

Fra i vari principi attivi troviamo le lectine (che inibiscono la sintesi delle proteine a livello ribosomiale), le viscotossine (che agiscono sulla membrana cellulare), i polisacaridi idrosolubili (che hanno un'azione immunostimolante, intensificando l'azione Natural Killer dei linfociti T e attivando il Sistema del complemento). Tutti e tre vengono studiati per essere utilizzati nella lotta contro i tumori. Poi troviamo varie ammine biogene (tiramina, colina, istamina), lignani e fenilpropani (derivati dell'acido caffeico), flavonoidi dalla quercetina, ciclitolo, triterpeni e molto altro. Oltre a possibili interessanti e utili scoperte, il vischio come già detto ha anche molti effetti tossici per l'uomo e per gli animali. Vomito, diarrea, bradicardia, ipertensione, dolori addominali, eccessiva salivazione e dilatazione della pupilla, atassia, convulsione, arresto cardiaco e respiratorio, fino al decesso. Come ho già detto so che alcuni uccelli si nutrono delle sue bacche ma a me interessava capire cosa induce mustelidi e altri animali a cibarsi di bacche di vischio per poi rigurgitarle. Purtroppo non ho trovato una chiara motivazione. Ho letto una ricerca tedesca (della commissione E) che accertava un leggero aumento della temperatura corporea, è forse questa la motivazione? Visto il periodo invernale. Non lo so e credo non lo si sappia. Forse qualche principio attivo provoca qualche sballo? Quello che forse non tutti sanno, è che ci sono moltissime specie di animali che si drogano. Ci sono elefanti e scimmie che si ubriacano con frutti fermentati di diversi alberi, felini che mangiano *Nepeta cataria* (anche i gatti domestici), vacche che mangiano erba pazza, uccelli che si drogano con frutti fermentati o contenenti altre sostanze psicoattive. Alcuni prediligono semi di canapa e papavero, per esempio. Anche molti insetti si drogano, famose sono le mosche che si "sballano" con l'*Amanita muscaria*, fungo consumato da molte specie. Di animali che si drogano ce ne sono veramente un'infinità, dagli artropodi alle scimmie. Quindi non escluderei a priori che magari qualche sostanza piaccia in modo particolare alla faina.

Consigli:
Giorgio Samorini, Animali che si drogano

XIX

Le terme della Ghiandaia

Erano i primi di aprile, Nicolas e io stavamo cercando palchi di cervo.

"Papà, chi ha rotto questo bel formicaio?"

Mi avvicino e lo osservo bene.

"Sono formiche rosse (Formica rufa). Vedi questi scavi? Ce ne sono diversi, ma anche se profondi e ampi hanno una certa forma. Sono piccole buche o dei piccoli scavi che ricordano le trincee. Ti ricordi gli animali che si nutrono di larve e uova di formiche?"

Nicolas ci pensa un po' e poi mi risponde: "Ricordo l'orso."

"Sì, l'orso e anche il tasso, ma con le loro zampe lo sfasciano in modo molto più deciso, di un formicaio rimane ben poco; qui invece il lavoro è molto più raffinato, è l'opera di un uccello e ci scommetto che è opera di un picchio. Sono indeciso fra il picchio nero (*Dryocopus martius*) e il picchio verde (*Picus viridis*); ma quasi sicuramente uno di loro."

"Ma non cercano larve negli alberi?"

"Anche, ma queste due specie sono molto terricole, passano molto tempo a terra, scavano anche in radici marce che affiorano dal terreno e sono ghiotti di uova e larve di formiche. Questo non vuol dire che il picchio rosso o il cenerino non mangino formiche, li ho visti sui formicai, ma non li ho mai visti scavare così. Anche molti turdidi (tordi, merli) e persino i pettirossi li puoi vedere predare formiche, ma ora ti racconto un'altra cosa interessante. C'è un altro uccello che fa delle buche simili, solo un po' meno profonde e non lo fa per cibarsi. È la ghiandaia (*Garrulus glandarius*), un corvide. È il mio uccello preferito perché se lo descrivessimo come se fosse un umano, sarebbe furbo, intelligente, attento e sospettoso. Poi ha un'ottima memoria e sa imitare altri uccelli e persino parlare come fanno i pappagalli."

"Davvero?"

"Sì, quando ero bambino, più di 40 anni fa, trovai un pullo con un'ala rotta. Rimase con me e imparò a imitare la voce di tuo nonno e ripeteva le parole che diceva più spesso. Oggi giustamente non si possono tenere in casa. Ma all'epoca era diverso. Il veterinario gli sistemò l'ala, ma non riusciva a volare comunque e a quei tempi non c'erano i centri recupero di oggi e anche la legge era diversa. Ti sei accorto che quando camminiamo nel bosco e una ghiandaia ci vede la sentiamo emettere il suo verso anche se siamo distanti? È il suo verso d'allarme e credimi avvisa tutti gli animali in zona. È per questo che la chiamano la sentinella del bosco. Non credo lo faccia per avvisare gli altri animali, ma sono sicuro che gli altri animali riconoscano quel verso e si mettano sull'attenti. Come ti dicevo ha anche una buona memoria, infatti passa il tempo a nascondere provviste che poi nei periodi di carenza va a recuperare, li nasconde sotto terra e nella corteccia di alcuni alberi. Non ricordo bene, ma ho letto uno studio molti anni fa dove parlavano della percentuale delle provviste che ritrova. È abbastanza alta, intorno al 70% e visto che ne nasconde tantissime, ne trova comunque abbastanza. Ma torniamo al formicaio. La ghiandaia pratica il bagno di formiche e lo fa con tanta passione da quello che si può vedere. Per prima cosa per aizzare le formiche rosse scava con le zampe nel formicaio e poi aspetta la loro reazione. Durante questa fase apre leggermente le ali e fa sì che tocchino terra, poi si abbassa completamente e sporge il petto facendogli toccare il terreno. Le formiche rispondendo all'attacco della ghiandaia salgono su di lei e per difesa spruzzano dell'acido formico. Questo acido ha un'azione disinfestante contro gli acari, quindi libera la ghiandaia da questi parassiti. Questo acido viene usato anche dagli apicoltori per combattere un acaro che distrugge gli alveari, la varroa. Possiamo dire che la ghiandaia, nella sua evoluzione, ha trovato questo interessante sistema per mantenere il suo piumaggio lucido e sano."

"È furba!"

"È un corvide e i corvidi hanno una marcia in più. Lo sai che in molte zone del mondo i corvi si spostano con i lupi e i lupi con i corvi?"

"Perché?"

"I lupi osservano i corvi, sanno che la presenza di molti corvi che volano e gracchiano significa la probabile presenza di una carcassa e i corvi seguono i lupi perché probabilmente si procureranno una preda e lasceranno successivamente una carcassa. Furbi entrambi no? Sono anche molto coraggiosi, ghiandaie, gazze (*Pica pica*), cornacchie (*Corvus corone* e *Corvus cornix*) e corvi (*Corvus corax*) affrontano spesso uccelli rapaci anche molto più grandi di loro, persino le aquile. Ma non vincono sempre e contro tutti, se trovi la predazione di una ghiandaia o di una gazza il sospetto numero uno è l'astore (*Accipiter gentilis*), un rapace specializzato per inseguire le prede nei boschi anche

fitti, le cattura volando molto basso, quasi a raso terra. Solitamente trovi la spiumata e le due ali a terra vicino ad un ceppo. Le mangia a terra o su un ramo basso. Solo quando hanno i piccoli, questi portano la preda direttamente ai pulli e si nutrono sul nido. A proposito di gazze, sai perché le chiamano ladre?"
"Papà tu parli troppo, ti ho chiesto chi ha fatto questo buco nel formicaio e tu mi parli di rapaci che predano ladri…"
"Hai ragione e pensa che molti si lamentano che non parlo mai."

In tutti questi anni, prima da solo, poi con Nicolas, ho osservato molti uccelli sui formicai, essi sono per molti un vero e proprio self service e per altri una SPA nel bosco. Appassionato di tracce animali sto ancora cercando di capire se c'è una differenza netta e identificabile negli interventi e nelle tracce lasciate dal picchio nero e verde sui formicai e se hanno un modus operandi diverso nello scavare.

Un altro quesito da risolvere.

Consigli:
Kenneth Catania, Adattamenti meravigliosi

XX
Animali domestici

Era tutto il Sabato mattina che Nicolas e io cercavamo di finire il recinto per le quaglie. Mi ero ripromesso che in questo libro non avrei parlato di animali domestici, ma qualche esempio mi toccherà farlo.

"Papà abbiamo finito?"

"Quasi, manca solo il pezzo sopra."

Tutto nasce dal 'complicato' rapporto fra animali domestici e selvatici e quello degli allevatori con quest'ultimi.

"Abbiamo fatto un forte a prova di nemico papà!"

"Non sono nemici, sono opportunisti, vedono i nostri animali come dei comodi e ben riforniti self service. Per questo motivo è nostro compito rendere la vita ai nostri animali domestici sicura. Siamo un po' come dei genitori, dobbiamo essere premurosi e attenti, ma fra le tante differenze con voi bambini che un giorno sarete grandi, autonomi e previdenti, gli animali domestici rimarranno sempre così e per di più non hanno possibilità di scampo in un recinto o una gabbia. Istintivamente sono anche molto meno preparati ai predatori, per un lupo trovare delle pecore in un recinto o per la volpe e la faina dei polli in un pollaio, è come vedere una tavola ben bandita. Quindi caro mio, garantiamo loro la giusta sicurezza. Reti a maglia fina a prova di donnola, che è molto piccola, rete interrata almeno 50 cm contro la volpe e chiudiamo anche sopra, visto che faine, martore e donnole si arrampicano molto bene.

Poi ci sono i pericoli che arrivano dal cielo, non bisogna dimenticare gli uccelli rapaci. L'uomo deve cambiare mentalità e proteggere senza sopprimere il predatore. È troppo semplice eliminare il problema in quel modo, abbiamo molte altre alternative, e visto che ci vantiamo di essere l'animale più intelligente, sarebbe ora di dimostrarlo mettendo in pratica una prevenzione che non sia sempre e solo il piombo."

"Ho capito e la penso come te, ma molti dicono che le faine non sono in pericolo e nemmeno i lupi, che al mondo ce ne sono molti, e che se mancano in alcune zone non è un problema, mica sono in via d'estinzione."

"Giusto, non sono in via d'estinzione, ma in alcune zone sono stati eliminati. Sai Nic, è proprio da questi discorsi che si capisce che la persona con cui parli non capisce proprio nulla di ecologia. Tieni la rete altrimenti cade, ecco, così, bravo. Allora, se in una zona togli una specie che prima era presente, crei uno squilibrio. Non importa se parliamo di un orso o di un insetto, non importa la grandezza o il suo numero che a noi può sembrare grande o piccolo. Sta di fatto che fa parte di un ecosistema e ha un suo ruolo specifico anche se ai più non è sempre chiaro. Ho detto ruolo e non scopo di proposito, nessuno ha uno scopo in questo caso, ma semplicemente occupa una nicchia e si rapporta con gli altri organismi e l'ambiente. Quindi non basta che tale animale sia presente in un'altra zona, un'altra regione, stato o addirittura continente, semplicemente manca in un posto dove prima era presente e così la catena ha perso un suo anello. Iniziano gli squilibri, qualche specie si espande o moltiplica troppo, alcune specie sono ora troppo presenti e creano danni ad altri animali o alla flora e così via. Sai che succede dopo? Che il genio che ha tolto quell'anello alla catena funzionante si eleva a salvatore della patria, oltre al posto del proprio anello vuole anche prendere il posto di quello mancante e fa ancora più danni.

Semplice e triste realtà. La differenza fra ruolo e scopo è che lo scopo degli animali è la sopravvivenza e ha come fine la conservazione della propria specie, in pratica il proprio fitness. Un'altra cosa, gli animali domestici, oltre ad aver bisogno di sicurezza e protezione, vanno anche alimentati in modo tale che gli animali selvatici non se ne servano. È inutile lasciare cibo ovunque e poi lamentarsi della presenza degli animali selvatici, quindi il lavoro per oggi non è ancora finito, dobbiamo rinforzare a prova di bomba il compost, ho visto che il tasso si apre lo sportello."
"Furbo quello lì."

XXI
Leggende metropolitane

Era l'alba, anzi, poco prima dell'alba e stavo camminando in montagna con mio figlio; avevamo appena lasciato la macchina e intrapreso la strada forestale che ci avrebbe portati al nuovo sentiero. Volevamo essere nella radura prima dell'alba ed eravamo un po' in ritardo, all'incirca di 20 minuti.
"Papà, ma tu non hai paura nel bosco di notte?"
"No tesoro, ci ho passato molte notti a osservare gli animali, lo sai anche tu."
"Sì, ma non hai paura dei lupi?"

Era una delle frasi che mi sentivo ripetere più spesso, non dai bambini ma dagli adulti e quasi sempre mi chiedevano del lupo e dell'orso. Mi sono accorto che di norma la gente ha più paura del lupo che dell'orso e che spesso è terrorizzata dai serpenti, dai ragni, dagli scorpioni e dalle vespe. Animali dei quali sanno poco, se non nulla. Ma perché così tanta paura del lupo? È una paura che spesso ha origine nella nostra infanzia e trova le origini nei pupazzi e nelle fiabe. A ogni bambino si regala un orsacchiotto e a ogni bambino si racconta Cappuccetto rosso o i Tre porcellini e molte altre fiabe dove il lupo è il cattivo. In realtà trovo meno assurda la paura dell'orso che del lupo. Il lupo è un animale schivo, che evita l'uomo e che se può, non si fa vedere. Questo non vuol dire che non si avvicini alle case durante le sue perlustrazioni o durante il suo girovagare per espandersi e cercare nuovi territori, in questi casi può certamente attraversare paesi e zone antropizzate. Anche per lui il cibo facile degli allevamenti e la presenza incustodita di animali domestici, sono una forte attrazione. Anche un cane lasciato fuori di casa e magari addirittura legato a una catena è una facile preda, l'uomo invece è visto come un predatore e viene evitato.

Certo, un incontro improvviso può coglierlo alla sprovvista e può rimanere lì a osservarti un po', specialmente se si trova in una zona che non conosce bene, in quel caso hanno spesso paura e valutano bene se scappare e in quale direzione. Un'altra cosa che succede spesso è quella di non essere riconosciuti come umani quando si è al volante e così non provano paura. In tal caso li si può osservare a lungo, ma non appena si apre la portiera e si scende, scappano.

In Europa non ci sono segnalazioni di persone attaccate da lupi negli ultimi 200 anni, parlo di segnalazioni verificate. In precedenza ci sono stati degli attacchi documentati, ma erano lupi rabbiosi e in quella situazione anche un cane o una volpe reagirebbe in modo aggressivo, ma per fortuna la rabbia non è presente al momento, nelle nostre zone. Altri piccoli incidenti sono successi, ma sempre e solo a persone che hanno cercato di cacciarli con i modi più disperati.

Sono anni che vado a cercare le loro tracce, ho trovato spesso le loro impronte, le loro fatte e anche tracce di avvenute predazioni, ma riuscire a vedere loro è veramente un'impresa. Hanno un ottimo udito, un ottimo fiuto e una buona vista. Non appena ti individuano scappano via. Per l'orso invece la situazione è un po' diversa e viene accettato per gli stessi motivi di cui vi ho raccontato prima; infatti, fin da bambini è un nostro amico peluche. Anche nei cartoni animati dai tempi dell'orso Yoghi, al più recente Masha; l'orso è sempre rappresentato come un animale buono.

Nella realtà anche l'orso bruno (il nostro orso europeo) è un animale schivo, che si nutre per la maggior parte della sua dieta di vegetali. La sua alimentazione è composta di vegetali per il 65-70%, il 15-20% sono imenotteri, altri insetti e vari artropodi, per l'1-2% molluschi (chiocciole e lumache), il restante 5-8% è composto da altro (carne, miele, pesce). La carne è quasi sempre ottenuta da carcasse o animali fortemente debilitati e se ne nutre principalmente in primavera, dopo il risveglio dal letargo. Non ci dovrebbe nemmeno stupire il periodo, visto che in primavera è facile trovare molte carcasse di animali rimasti vittime dell'inverno. Basse temperature, abbondanti nevicate e valanghe, provocano molte vittime in montagna.

L'orso, come molti altri mammiferi carnivori e onnivori, oltre che a molti corvidi e altri uccelli, svolge il lavoro di spazzino del bosco. L'orso può sicuramente distruggere alveari e predare animali domestici non custoditi e mal protetti, i quali spesso non hanno grandi vie di fuga; ma l'orso più che un predatore è un opportunista. Durante l'anno invece la sua dieta cambia, infatti ha bisogno di recuperare peso per l'inverno successivo e più passano i mesi più si concentra su cibi in grado di aumentare la sua massa grassa. Da agosto/settembre fino all'autunno inoltrato cerca faggiole, ghiande, castagne; tutti cibi ricchi di calorie.

Ma l'orso bruno é pericoloso? L'orso ha un olfatto eccezionale e un buon udito e se sente la presenza di un umano si allontana. Possono però esserci dei casi dove questo non succede. Potrebbe dormire o mangiare ed essere per questi motivi distratto, in tal caso potremmo sorprenderlo e generare in lui comportamenti diversi. Nella norma la sua prima scelta è la fuga, ma se sta mangiando potrebbe anche avvisarci di allontanarci. Bisogna sapere che l'orso non ha una buona vista e che quindi se si alza in piedi lo fa per vederci meglio. Lo stare sulle zampe posteriori non è un segnale di attacco. Il momento più complicato è probabilmente l'incontro con una femmina con i cuccioli, specialmente se ci si dovesse trovare fra la madre e i suoi piccoli. Cosa dobbiamo fare se si incontra un orso? Le linee guida consigliano praticamente tutte la stessa cosa. Se si è a un'ottima distanza non sussiste nessun pericolo, lo si può osservare o ci si può allontanare senza problemi. Se l'incontro è ravvicinato, a pochi metri, bisogna mantenere la calma e fargli notare la nostra presenza parlando tranquilli ad alta voce. Nella norma si allontana, se non si allontana o se incontrate un cucciolo dovete allontanarvi con calma, senza voltare le spalle laddove possibile; come detto l'incontro con dei piccoli è l'unica circostanza realmente critica. Quando ci si allontana bisogna farlo con calma e mai di corsa, lasciandogli sempre una via di fuga. Se l'orso dovesse manifestarsi aggressivo (come detto, non se si alza in piedi), solitamente lo fa solo per intimorire e fare allontanare le persone, in tal caso fa degli scatti verso la persona senza mai raggiungerla realmente.

In caso di una reale aggressione le linee guida Nord Americane ed Est Europee raccomandano i seguenti comportamenti:
- metter oggetti davanti a se, cesto dei funghi, bastoni da trekking, attrezzature varie;
- mettersi a terra in posizione fetale e ripararsi la testa con le braccia.

Nella mia vita ho trovato molte tracce, pelo, impronte, fatte, massi rovesciati (alla ricerca di lumache e insetti), sono anche riuscito a filmarlo diverse volte con delle fototrappole, ma non sono ancora mai riuscito a vederlo dal vivo. Come detto, se può, evita le persone. Una persona che cammina normalmente nel bosco o su un sentiero fa abbastanza rumore perché lui la senta e se ne vada. Cosa va evitato invece è entrare nelle grotte dove passa l'ibernazione (non pratica il letargo, quindi viene disturbato e si sveglia) e se si campeggia nel bosco evitare di tenere le provviste nella tenda o nelle sue vicinanze. Meglio appenderle su un albero a debita distanza. Come abbiamo visto nelle fiabe, i ruoli andrebbero invertiti. Ho passato molte notti nel bosco e l'unico animale per me imprevedibile è un cane randagio o comunque senza guinzaglio. Gli animali domestici hanno perso quella naturale paura per l'essere umano e sono per me imprevedibili. Nessun lupo mi ha mai ringhiato o rincorso, posso invece fare un elenco infinito di cani che mi hanno ringhiato passeggiando in città. Proprio la presenza di un cane può cambiare il comportamento del lupo e dell'orso nei nostri confronti. Un cane lasciato libero potrebbe essere rincorso da entrambi e la sua fuga verso il padrone potrebbe portare a essere seguito dai lupi o dall'orso. Per questo motivo, oltre che per legge, il cane andrebbe tenuto al guinzaglio quando si passeggia nei boschi e in montagna. I cani oltre a poter attirare orsi e altri lupi, possono anche inseguire, stremare e uccidere animali selvatici. I caprioli sono spesso loro vittime. Per quanto un cane sia considerato mansueto e buono dal suo padrone, l'indole cambia spesso inaspettatamente quando l'istinto emerge alla presenza della selvaggina.

Altre leggende invece, le sentiamo ripetutamente sui serpenti e su tutti gli insetti con il pungiglione, salvo le api. Anche se il veleno dell'ape è più tossico di quello delle vespe. Penso che anche qui la tv con l'Ape Maia e la bontà del miele abbia un po' cambiato le carte in tavola. Ho diverse specie di serpenti che frequentano il mio giardino, un'estate c'erano dei piccoli di Natrice dal Collare (*Natrix helvetica*) e uno di loro si era infilato per sbaglio in magazzino, così lo presi e lo feci toccare e tenere ai miei figli che all'epoca avevano 4 e 6 anni. Sono contro le manipolazioni degli animali selvatici senza serie motivazioni, ma visto che dovevo portarlo fuori dal magazzino colsi la palla al balzo. I miei figli sapevano già che in Alto Adige ci sono solo 3 serpenti velenosi, tutti e tre fanno parte della famiglia dei viperidae (*Vipera berus, Vipera aspis* e *Vipera ammodytes*); anche nel resto d'Italia sono sempre le vipere l'unico serpente velenoso pericoloso per l'uomo. In Alto Adige poi abbiamo altri 5 serpenti innocui, 2 Natricidae (*Natrix helvetica* e *Natrix tessellata*) e 3 Colubridae (*Hierophis viridiflavus, Coronella austriaca* e *Zamenis longissimus*).

Saper distinguere quelli velenosi da quelli innocui in Alto Adige è abbastanza semplice per un occhio un po' allenato. Le cose più facili da notare sono la pupilla ellittica che hanno solo le vipere e le squame sulla testa; le vipere hanno tante piccole squame, gli altri serpenti ne hanno poche e grandi e la coda. La coda delle vipere è corta e si restringe molto rapidamente il che la fa sembrare molto più tozza. Per di più sono piccole, le vipere più grandi raramente superano i 70 cm. Quindi, ogni serpente superiore al metro non deve assolutamente incutere timore. Anche i serpenti come prima scelta (come molti altri animali) alla vista dell'uomo, scappano. Ma anche loro in certi momenti possono venire sorpresi. Solitamente succede se hanno freddo, sono ecotermi e quindi quando praticano la termoregolazione possono essere meno attivi e reattivi; altri momenti delicati sono il parto, l'alimentazione e l'accoppiamento. In questi momenti potrebbe succedere di calpestare un serpente, il quale potrebbe reagire con un morso. I morsi dei serpenti innocui lasciano al massimo tanti piccoli segni che corrispondono ai tanti piccoli denti. La forma è quella della bocca, ricorda una U. I morsi di vipera lasciano principalmente uno o due buchi un po' più evidenti distanziati di circa 1 cm, spesso meno. Gli altri denti si notano poco o per nulla, specialmente se ha morso dove portavamo indumenti. Va detto che circa il 30% dei morsi di vipera va a secco, vuol dire che non inietta il veleno. Questo perché sa benissimo che non siamo una preda e quindi l'iniezione del veleno sarebbe uno spreco. Per lei produrre veleno è un costo sia energetico che di tempo e potrebbe esserne priva quando le serve realmente. Altra cosa che va detta è che il veleno delle nostre vipere non è normalmente mortale, salvo malattie pregresse, allergie (questo però vale anche per api, noccioline, eccetera) o bambini molto piccoli.

Se si venisse morsi, va mantenuta la calma, la ferita va pulita con acqua e va fasciata dalla zona del morso procedendo verso la zona distale fino a risalire alla zona prossimale dell'arto. Successivamente si chiama aiuto e ci si reca al primo ospedale. Altre cose da osservare: NON bere alcolici, NON incidere e succhiare, NON iniettare il siero salvo ci siano molte ore di distanza dall'ospedale, NON mettere lacci emostatici o legature a monte della ferita, NON disinfettare con alcool, NON prendere antidolorifici o antinfiammatori, NON tenere in alto l'arto morso. Tutto questo serve a rallentare di diverse ore i sintomi e si può arrivare in tempo in ospedale dove si riceveranno le cure adeguate. In caso di morsi di serpenti innocui, invece, basta semplicemente disinfettare la ferita.

Per me è fondamentale che i miei figli non abbiano terrori immotivati, ma non devono nemmeno essere degli sprovveduti incoscienti, per questo motivo voglio che per affrontare la montagna e il bosco conoscano oltre al comportamento corretto e all'attrezzatura giusta, anche gli animali e le piante presenti. Sarebbe sciocco riconoscere una vipera, ma poi scivolare per colpa della scarpa sbagliata o avvelenarsi con qualche bacca bella rossa. Vorrei sfatare alcune leggende metropolitane, i serpenti non rincorrono, hanno un raggio di attacco che è di circa un terzo della propria lunghezza, quindi con le vipere a 1 m di distanza siamo più che al sicuro. Se volete essere più tranquilli vi consiglio di calzare scarponi, di avere un passo un po' pesante e di usare eventualmente un bastone da tenere mezzo metro davanti a voi.

Vi ricordo che in Europa tutti i serpenti sono tutelati per legge e che chi ne uccide uno è legalmente perseguibile. Posso capire che non a tutti piacciano, che molti possano avere paura, ma si possono evitare passando loro vicino senza ucciderli. Sono al contrario di quello che si pensa, un tassello molto importante della nostra ecologia e purtroppo in drastico calo a causa della riduzione dei loro habitat ideali, delle strade sulle quali vengono spesso investiti, dei veleni per topi che vengono assunti predando i vari micromammiferi (cosa che succede anche a molti uccelli rapaci), e ovviamente per uccisione voluta.

In vari gruppi social specializzati, ogni giorno vengono mostrati decine di serpenti uccisi con richiesta di identificazione. Vengono presi a bastonate, forchettate, badilate, la cosa che più rattrista è che se hai veramente paura te ne vai, non affronti un pericolo. Nell'oltre il 90% dei casi sono addirittura serpenti innocui, ogni tanto sono finanche orbettini (lucertole senza zampe), che per loro sfortuna vengono scambiati per serpenti. In pratica si autodenunciano, visto che, come detto sopra, uccidere rettili e anfibi in Italia e in Europa, è reato. È l'ignoranza che usa l'alibi della fobia; ma se hai paura scappi, non la affronti. È solo ed esclusivamente ignoranza. Quello che manca è una materia scolastica, anche di poche ore, dove si fa realmente conoscere la natura a questi ragazzi; è il sapere che toglie paure e ignoranza. Un po' come con gli imenotteri. Non è possibile che passi il

messaggio che l'ape è buona e vespe e calabroni sono
cattivi. Quando tutti sono impollinatori, tutti pungono
se aggrediti, il veleno dell'ape è più tossico di quello
degli altri due. Se ti avvicini troppo a un nido lo difendono tutti; basti vedere un apicoltore, per cosa pensiate
che si vesta come un palombaro? Per il fascino? Certo,
le vespe si avvicinano di più ai nostri piatti, ma questo
ha a che fare con la loro alimentazione legata al ciclo
biologico; che è diversa da quella delle api.

Alle vespe infatti, interessano le proteine per le proprie
larve. Alle nostre bibite invece si avvicinano entrambe,
specialmente in periodi di siccità. Se però non ci si
spaventa e non si tenta di schiacciarla, la vespa prende
la sua dose e se ne va. Al contrario invece, se la si affronta o peggio la si schiaccia, per difendersi emette
dei feromoni che attireranno altre vespe. Anche le api
possono rilasciarli e questo è un modo per avvisare il
proprio sciame che c'è un pericolo. Non voglio con
questo dire di vivere tutto alla leggera, ma basta conoscere gli animali, i loro comportamenti, rispettarli, sapere come evitarli o come evitare una loro reazione.

La paura solitamente fa fare mosse azzardate, oltre che
vivere male le situazioni e la natura in generale. Sto cercando di dare più nozioni possibili ai miei figli, spie-
gando loro molte cose e facendo loro vedere molti
esempi. Certo siamo stati punti da api e vespe, quasi
sempre raccogliendo frutta da terra senza che ci accor-
gessimo che la stavano mangiando, ma non ne abbiamo
paura. Riguardo ai ragni ho spiegato a loro che di veramente pericolosi ne abbiamo solo uno in Alto Adige e 2
in totale in Italia e li abbiamo studiati. Sappiamo che ce

ne sono altri che possono mordere e fare parecchio male, ma sappiamo anche che la stragrande maggioranza è innocua per l'uomo. Sappiamo che per farsi mordere nella maggior parte dei casi ce la devi proprio mettere tutta, sanno che i nostri scorpioni non sono pericolosi ma che possono pungere e che il loro effetto nella norma è al massimo simile a quello di una puntura d'ape, sanno che il morso va monitorato e che telefonare a un medico non è mai sbagliato. Non voglio che vivano nella paura e non voglio che rinuncino a vivere la natura.

Non li voglio né paurosi né incoscienti e per evitare ciò esiste solo lo studio, la teoria e la pratica.
"Sai di chi non ti devi fidare Nicolas? Dei caprioli. È molto raro, ma un capriolo non ti affronta come una capra di cui capisci subito le intenzioni; no, lui si avvicina, mansueto, ti si appoggia quasi, e poi ti infilza con il suo palco quando meno te lo aspetti. Ci sono studi a riguardo, fin dai tempi di Lorenz. In un suo scritto, credo fosse *L'anello di re Salomone* ha descritto il comportamento 'subdolo' del capriolo. In quel libro spiegava anche che gli animali più evoluti solo raramente uccidono un conspecifico. Cosa che invece succede con animali più stupidi come le tortore, le galline e altri."

"Papà ieri abbiamo visto quel documentario su quelle scimmie che sembrano scimpanzé (i Bonobo - *Pan paniscus*) e mi hanno molto impressionato alcuni dei loro modi di fare. La mimica della faccia, i loro sorrisi, come tengono in braccio il loro piccolo, sembra che li cullino, come facciamo noi."
"Nicolas è normale, hai visto e osservato tu stesso molti animali nel bosco. Abbiamo visto mamma volpe

giocare con i suoi piccoli e redarguirli quando ce ne era bisogno, come faccio io con te. Abbiamo visto i maschi di molte specie fare i gradassi per conquistare una femmina, come facciamo spesso noi ragazzi, abbiamo studiato i lupi e abbiamo visto che ogni tanto è presente un lupo omega, sul quale tutti si sfogano e questo succede anche in alcune specie di uccelli gregari e succede anche a scuola con qualche povero compagno."
"Quello è successo anche con le nostre quaglie!"
"Esatto. Ci sono animali che si vergognano dopo avere perso un duello per una femmina o per diventare il maschio alfa e si allontanano, perdono la loro spavalderia; anche per il resto della loro vita. Altri si offendono e non solo fra gli animali domestici. Alcuni tradiscono il partner e in alcune specie, se il partner se ne accorge le cose possono mettersi male. Ci sono animali che praticano il grooming al partner o a chi hanno in simpatia."
"Vero, molti animali hanno qualcosa di umano papà."
"No, siamo noi che abbiamo qualcosa degli altri animali, ma ci crediamo superiori e pensiamo che siano loro ad avere qualcosa di noi. In realtà abbiamo un antenato e una storia lunghissima in comune alle nostre spalle. Questi comportamenti e molti altri, molte nostre reazioni, provengono da queste radici comuni."
"Penso di avere capito. Posso farti un'altra domanda?"
"Certo."
"Abbiamo visto molti animali, coppie di uccelli, anche di tassi, volpi, faine. Ma ne abbiamo anche visti litigare e scontrarsi. Si amano e si odiano come noi?"
"Bella domanda tesoro. Io credo che amore e odio siano due sentimenti umani, almeno nella forma nella quale noi li viviamo e descriviamo. Non posso sapere cosa prova realmente un animale diverso da noi, ma

posso vedere se è sociale o aggressivo. Credo proprio che si possa parlare di socialità e aggressività, sia che esse siano rivolte al partner ma anche se sono intraspecifiche o interspecifiche in generale. Per prendere in considerazione l'amore fra animali, bisognerebbe accettare anche il suo opposto, l'odio, e io non credo che un animale lo provi, almeno non nel modo che lo intendiamo noi. La loro aggressività è legata a delle situazioni ben precise, ma poi termina lì. Noi odiamo una persona anche se non la vediamo, anche se magari vive dall'altra parte del mondo e non la sentiamo e vediamo da anni. Pensi che questo succeda e logori gli animali come capita a noi?"

Consigli sui lupi:
Erik Zimen, Der Wolf
David Mech, Der Weisse Wolf e Auf der Faehrrte der Woelfe
Luigi Boitani, Dalla parte del lupo
Barry Lopez, Lupi e uomini
Francesca Marucco, I lupi delle Alpi Marittime

Consigli sugli Orsi
Fabio Osti, L'orso bruno nel Trentino
Andrea Mustoni, L'orso bruno sulle Alpi
Giorgio Boscagli, L'orso
Hans Roth, Carlo Frapporti, Leitfaden zur Identifizierung der Anzeichen fuer das Vorkommen des Braunbaer

Altro:
Daniele Zovi, Italia selvatica
Paola Fazzi e Emiliano Mori, Mammiferi italiani, istruzioni per l'uso

XXII
La via dimenticata e il "naturale" artificiale.

La montagna di casa è il Macaion (Gantkofel), fa parte della costiera della Mendola; non è molto alta, la vetta arriva a 1866 m slm. Fa parte delle Alpi della Val di Non ed è nelle Alpi Retiche meridionali. Dal versante trentino ci si arriva abbastanza agevolmente, da casa mia (versante altoatesino, Appiano) invece, arrivare in cima è una bella scarpinata. Casa mia è a 600 m slm e per arrivare alla cima offre diverse possibilità, ma tutte erte e salvo una sono tutte delle forcelle. Anche il sentiero più semplice è comunque una continua salita. Nella mia vita sono salito per tutte le vie conosciute, Forcella Forcolana, Strada nuova, Forcella piccola, Forcella Grande, Forcella di Gaido e Eisenstad, ma sapevo che c'era un'altra via. In paese i più anziani ne parlavano, ma nessuno sapeva dirmi esattamente dove fosse. Il nome di questo passaggio è Bärenlöcher, che in italiano si potrebbe tradurre come Grotte degli orsi. Così decisi di cercare quel passaggio.

Guardando la parete verticale del massiccio, le zone da prendere in considerazione erano ben poche, escluse le forcelle conosciute rimanevano tre possibili passaggi. A dire il vero gli anziani mi parlavano anche di una altro passaggio caduto in dimenticatoio, il Fiebergurgel (La gola della febbre) ma quello avevo già scoperto dove fosse e ne parleremo più avanti. Così, decisi di cercare il Bärenlöcher e dopo diverse spedizioni a vuoto, finalmente, con l'aiuto di uno zio acquisito, lo trovai. Era un passaggio molto esposto, in cui lungo una parete verticale un piccolo scalino molto obliquo saliva a una pendenza impegnativa. Non era molto largo, il punto più largo sarà stato di 3/4 metri con la pendenza esposta verso il dirupo, nei pezzi più stretti è inferiore al metro. Questa "stradina" ha permesso comunque ad alcuni alberi e piante di crescere. Da lontano si vede un'enorme parete verticale e una striscia di verde che sale a 45 gradi. Salendo la prima volta mi sono reso conto che diversi animali: volpi, faine e camosci, utilizzavano spesso quel passaggio. Le loro tracce, fatte e impronte, non lasciavano dubbi.

Il panorama è stupendo. Si vede tutto l'Oltradige; basta non guardare in basso. Un volo sarebbe fatale. Già à metà salita hai 200 m di vuoto sotto di te. Alla fine di questo sentiero ci sono gli ultimi 20 m che servono a scavalcare. Non sei più sullo strapiombo, ma in una piccola gola con una pendenza tale che se sporgi la testa in avanti tocchi l'altra parete con il naso. Arrivato in cima ti sembra di essere fuori dal mondo conosciuto. Sei seduto su quello che io chiamo dente. La roccia sembra l'incisivo inferiore di un cavallo. La natura che ti circonda è diversa.

Quando noi pensiamo ad un bosco naturale spesso abbiamo un'idea sbagliata. Il 90% o più dei nostri boschi non è naturale. L'uomo ha iniziato a modificare il bosco da quando non è più un cacciatore/raccoglitore. Negli ultimi millenni ha interferito e cambiato la natura del bosco moltissime volte. Ma non voglio soffermarmi su questo, per chi ha interesse a questo argomento consiglio un bellissimo libro di Hansjörg Küster, Storia dei boschi. Comunque questo è un posto dove, almeno direttamente, l'uomo non ci ha messo mano, anche se l'influenza degli habitat circostanti si nota. Seduto su questo enorme dente non posso non pensare a Küster e a Stefano Mancuso, ai loro libri. Immerso in questo piccolo pezzo di natura osservo la valle e noto il contrasto palese. Ettari e ettari di agricoltura, molta raccolta sotto reti contro la grandine. Sono anni che penso all'impatto che l'uomo ha per il proprio sostentamento alimentare sulla natura.

Non voglio assolutamente entrare nell'argomento etica, perché parto dal presupposto che l'etica non esiste in natura, ma nelle diverse culture è spesso basata su credo religioso e anche in base a propri gusti e credenze personali. Infine, non siamo gli unici animali a sfruttare altri animali, dalle vespe che paralizzano le prede come scorta alimentare per le proprie larve, ad altri artropodi che parassitano molluschi ed altri artropodi. Per non parlare delle varie caste negli animali sociali. Come detto, però, l'argomento è un altro: è chiaro che il nostro numero è in incredibile aumento e in pochissimo tempo siamo passati da 2,5 miliardi nel 1950 ai 7,5 miliardi nel 2015.

Oggi, nel 2022, siamo quasi 8 miliardi. Non dobbiamo credere che l'agricoltura e la zootecnia siano "natura" o "naturali", termine quest'ultimo, molto di moda oggi giorno e molto fuorviante. In realtà sono ettari e ettari, strappati alla natura, dove si cambia e stravolge un habitat con una drastica riduzione della biodiversità. Per quanto possa sembrare o suonare strano, ogni ettaro strappato alla natura, che sia in Alto Adige, in Pianura padana, in Amazzonia o in Africa, andrebbe sfruttato al massimo. Se tolgo un terreno alla natura, devo sfruttarlo al meglio e produrre il massimo possibile. Per fare questo servono tecnologie e conoscenze. Conoscere la chimica, la fisica, l'ecologia, la botanica, la geologia, la meteorologia, l'entomologia e molte altre scienze. Non si può strappare un ettaro di terreno all'Amazzonia, per produrre due quintali di patate, o 4 manzi. So che spesso si ricade nell'etica, ma la produzione intensiva è l'unica strada per sfamare tutti a costi sostenibili; riducendo o almeno mantenendo la stessa superficie dedicata al settore alimentare. Questo non vuol dire avvelenare le persone, questo deve essere ovvio. Ma se passassimo ad un'agricoltura a bassa produzione, se passassimo ad una zootecnia con gli animali liberi, non avremmo mai terreno a sufficienza; a meno di rubarne altro, e non poco, a foreste, savane e pianure erbose. Certo la scelta non è facile, anche a me l'allevamento super intensivo di molti animali non piace affatto. Ma non mi piace nemmeno sapere che si radono al suolo ettari di bosco per far vivere 20/30 vacche o per produrre qualche quintale di farro.

Siamo di fronte a un grosso problema, a scelte non facili, spesso influenzate da pseudoscienze o da indottrinamenti culturali. Siamo ingannati da certificazioni che sfruttano parole come Naturale e Biologico per incassare grazie alle loro certificazioni e che in realtà non sempre sono ciò che noi pensiamo. La maggior parte delle persone che conosco pensano che non vengano fatti trattamenti ad esempio, cosa non vera. Si utilizza il rame che è un metallo pesante, o insetticidi naturali come il piretro che non è per nulla selettivo e uccide anche gli insetti utili: coccinelle, farfalle, imenotteri e molti altri. È abbastanza logico che l'agricoltura non sia altro che una guerra fra natura e coltivazione artificiale. Basta guardarsi intorno per capire che non c'è nulla di naturale nell'agricoltura; piante che nella norma mai e poi mai sarebbero cresciute spontaneamente in quella zona. Infatti, nella maggior parte dei casi quella stessa verdura o frutta non la trovi in natura in una determinata zona oppure ne trovi un vecchio antenato.

Il fatto che si coltivino nuove specie, geneticamente modificate in laboratorio o ottenute grazie a incroci durante i secoli ha come risultato piante più redditizie ma quasi sempre più sensibili a malattie crittogamiche, deboli rispetto ai vari insetti e poco resistenti al clima (freddo, caldo, siccità). Gli organismi geneticamente modificati in agricoltura, sono molti di più di quelli che si crede e sono presenti anche da molti decenni. Sono spesso un grande punto di domanda, ma possono, se utilizzati coscientemente, anche essere una grande soluzione, possono infatti ridurre anche di molto, il fabbisogno di acqua e di trattamenti chimici. La cosa certa è che se si abbandona l'agricoltura, la natura si riprenderà in fretta quegli spazi con piante idonee per quell'habitat, e questo dimostra che l'agricoltura non può essere naturale. È opera dell'uomo, è un artificio e per questo motivo non mi piace la parola naturale quando ci sono di mezzo agricoltura e uomo; so bene che non siamo gli unici a creare cose: le formiche e le termiti costruiscono formicai e termitai, gli uccelli sono ingegneri e architetti quando costruiscono i nidi, altri animali scavano tane che sembrano miniere. In natura, tutte queste meraviglie non ci sarebbero se qualche essere vivente non le avesse costruite, quindi o è tutto naturale ciò che un essere vivente crea o non lo è mai nulla.

Sto divagando e non voglio parlarvi nemmeno di questo, servirebbe un libro solo su questo argomento a me caro; perché nella mia vita, il mio lavoro è strettamente legato all'agricoltura. Quello che mi interessa far capire è che l'agricoltura deve permettere, grazie alla scienza e alla tecnologia, di produrre di più. Genuino, ecosostenibile e in gran numero. Se devo sacrificare del terreno per sfamare miliardi di persone voglio che questo venga utilizzato al massimo. Anche perché sono la ricchezza e la tecnologia che hanno messo freno all'aumento demografico; i paesi più sviluppati fanno meno figli, a volte davvero pochi. Ci sono già passati molti popoli e diverse civiltà e ci passeremo tutti probabilmente. Per questo credo che arriveremmo ad un numero massimo di popolazione e, poi, lentamente caleremo. Succede anche con le popolazioni degli animali, dagli insetti ai mammiferi. Bisogna solo vedere in che stato arriveremo a quel massimo, in quali condizioni ci arriveremo noi e il nostro caro pianeta.

Guardavo tutta quella vallata: l'Oltradige, poi la Bassa Atesina e l'Adige che abbiamo costretto grazie a Maria Theresa durante l'impero austro-ungarico fra i suoi argini. Una volta quella era tutta palude, zona umida, come viene chiamata oggi; un paradiso per uccelli, anfibi e altri animali, un "inferno" per gli umani dell'epoca, fra zanzare e probabili malattie. Un enorme superficie strappata con ingegno alla natura, con uno sconvolgimento dell'habitat e delle biodiversità. Dobbiamo almeno onorare questo sacrificio, dobbiamo trovare la strada giusta, una strada sostenibile e realmente ecosostenibile: una vera ecosostenibilità e non una menzogna pubblicitaria di comodo. Certo, sono cambiamenti in grande scala, non sempre repentini e facili, né da realizzare e spesso nemmeno da comprendere. Ma si possono anche fare delle cose in piccolo come usufruire bene del proprio orto o giardino. Al posto dei muretti divisori in cemento armato o delle reti metalliche basterebbero dei muretti in pietra a secco o una siepe, sarebbero un ottimo rifugio per molti artropodi, uccelli, micromammiferi, rettili e anfibi. Impiantate fiori e piante che attirino insetti e uccelli, il bel pratino inglese è in realtà spesso morto. Se si ha la possibilità di creare un piccolo stagno, anche molto piccolo, la biodiversità aumenterebbe di molto. Si possono creare delle piccole isole di vita in mezzo a un mare di cemento e asfalto e restituire così, qualcosa di ciò che abbiamo preso.

Seduto su quel dente, felice di avere trovato quel passaggio, continuavo a fissare la mia valle, la mia terra e a domandarmi dove ci avrebbe portato la scienza con le sue nuove scoperte e i suoi troppi, vari, detrattori. Torniamo alla via ritrovata, ora capisco il nome che i locali gli avevano dato in passato. Il passaggio è ripido ed esposto a est, ci sono alcune grotte con aperture piccole e con stanze interne non troppo grandi, l'altitudine è sui 1500 m, c'è la possibilità che la neve scivoli facilmente dall'alto e le chiuda ermeticamente e infine sono difficili da raggiungere. In pratica ci sono tutte le caratteristiche giuste per una tana per orsi. Penso che sono stato astuto e prudente a salire in tarda estate. In tarda primavera incontrare su quel sentiero stretto e senza vie di scampo un orso alle sue prime uscite dopo il letargo o magari addirittura una femmina con i cuccioli non dev'essere proprio una felice situazione. È giunta l'ora di proseguire, do un ultimo sguardo alla valle e mi chiedo quando finalmente ci renderemo conto che non tutto quello che ci presentano come Green, lo è poi veramente.

Consigli
Hansjoerg Kuester, Storia dei Boschi
Michael Shellenberger, L'apocalisse può attendere
Stefano Mancuso, Plant Revolution

XXIII
Un passatempo per lavoro

Nicolas e io stavamo facendo un bellissimo giro con le ciaspole (racchette per la neve). Aveva nevicato parecchio la settimana prima e le temperature basse degli ultimi giorni avevano indurito molto la neve. L'ideale per non sprofondare e per agevolare l'escursione sono questi strumenti. Siamo partiti alle 9.00 e adesso, era giunta l'ora di pranzo. Nicolas adora cucinare utilizzando il fornello a gas da campeggio e così ho messo tutto l'occorrente nella zaino: pentole, fornello, pasta, sugo, pane e le spezie che avevamo raccolto e preparato in estate in giardino.

"Togliti pile e maglietta, asciugati e mettiti cose asciutte o ti ammali. Le cose sudate dammele che le stendo ad asciugare."

Adoro questi momenti con mio figlio, sia d'estate che d'inverno. Una cucina improvvisata in mezzo al bosco, qualche tronco o ceppo come sedia e tavolo, niente stress.

"Papà facciamo un giro anche domani? Il paesaggio è bellissimo!"

"Domani non posso, lavoro tesoro."

"Peccato. Com'è?"

"Cosa?"

"Il lavoro."

"Dipende."

"Da cosa?"

"Da tante cose."

"Perché non smetti e stai a casa?"
Sorrido.
"Sarebbe bello ma non funziona. Bisogna lavorare per vivere. È un po' complicato da spiegare ma per avere molte cose, bisogna lavorare. Il nostro mondo o forse sarebbe meglio dire la nostra società è costruita sul lavoro e sul denaro."
Mi osserva scettico.
"Però posso dirti una cosa, anzi alcune cose. Visto che bisogna lavorare per vivere, possiamo almeno provare a fare un lavoro che ci piace. Non sempre è così, ma ci si può provare. Scegli qualcosa che ti piace fare e cerca di farlo per lavoro. Tu vai a scuola, studi e impari tante cose, leggi molto e hai molti interessi, prima o poi troverai una materia che ti piace più delle altre. Può essere dell'artigianato o una scienza, un'arte o molto altro. Falegnameria, medicina, meccanica, pittura, botanica, edilizia, geologia, ci sono centinaia di possibili lavori."
"Capito. A me piacciono i sassi e i minerali."
"Lo so. Forse questa passione ti rimarrà, forse ne scoprirai altre. Posso consigliarti due cose. Cerca di fare un lavoro che ti piace veramente, così non sarà un peso. Non sarà sempre tutto rose e fiori, ogni lavoro ha le sue difficoltà, ma almeno farai qualcosa che ti piace."
"La seconda?"
"Cosa?"
"La seconda cosa che mi consigli! Ti sei già dimenticato?!"
"Ah sì, la seconda è una mia fissa. Il lavoro va bene per avere i soldi che ti permettono tante altre cose, ma per me deve avere una particolarità. Oltre ai soldi deve produrre qualcosa di reale, che puoi toccare con mano,

che ti mostri, se possibile, un lavoro finito."

"Non capisco."

"Vediamo se riesco a spiegartelo. Prendiamo un contadino, anche lui mira ai soldi, anche lui lavora e fa sacrifici, anche lui avrà le sue giornate storte, forse molte, ma alla fine del ciclo tocca con mano il suo lavoro, il suo risultato. Tocca l'uva, o le mele, dopo aver patito il freddo d'inverno durante la potatura, aver subito il caldo estivo durante tutte le altre operazioni, dopo aver avuto paura per le possibili gelate e grandinate. Dopo tutti i sacrifici e le paure, tocca con mano i suoi frutti e i risultati. Ma vale anche per un architetto o un ingegnere che poi passeggiano nel loro palazzo, al medico che poi stringe la mano al suo paziente che sta nuovamente bene, al pittore che osserva il suo quadro. Ci sono lavori che quotidianamente ti mostrano quello che sei stato in grado di fare; oltre ai soldi hai davanti a te anche un altro risultato. Per me tutto quello che ha a che fare con la natura ha una marcia in più, ma come vedi ci sono anche altri lavori che ti restituiscono qualcosa di reale, oltre al denaro. Ma non sono tutti così i lavori, alcuni ti lasciano come unico obiettivo il denaro ed io li evito. Purtroppo ci vuole un equilibrio, non si vive di sole soddisfazioni, ma sono sicuro che se uno ha voglia, spirito di sacrificio e tenacia prima o poi farà un lavoro che non è solo lavoro. Io faccio un lavoro che mi piace, ha a che fare con l'agricoltura, studiamo natura, botanica, chimica agraria, microbiologia, chimica enologica, cerchiamo di capire e influenzare tante azioni. Con l'aiuto di microorganismi e di reazioni chimiche trasformiamo l'uva in vino. Un prodotto che in natura non esiste, ma che l'uomo sa agevolare e creare. Mi piace creare qualcosa di reale, dopo il lavoro in vigneto e in cantina vedi

il frutto del tuo lavoro. Ma non finisce qui, i soldi che guadagno mi permettono un'altra cosa che amo. Mi permettono il tempo di vivere il bosco e la montagna e di passare molto tempo con te e tua sorella, mi permettono anche di comperare libri e di studiare le materie che mi appassionano. Il lavoro mi deve garantire del tempo libero. Lavoro per vivere e non voglio vivere per lavorare."
"Non so se ho capito tutto."
"Studia quello che ti piace, non quello che è di moda o che pensi ti faccia fare soldi a palate; poi dimostri al mondo cosa sai fare e se non sei un incapace prima o poi avrai soddisfazioni e tempo per te stesso. Chi ha studiato una materia che ama ha sempre una marcia in più di chi ha studiato una materia per moda o denaro. Te l'ho semplificata. A che punto è la pasta?"
"Assaggia papà, mi sembra cotta."

Il bello di queste passeggiate invernali è la quantità enorme di tracce che riusciamo a vedere. Con gli anni mio figlio ha imparato a riconoscerle quasi tutte, capriolo, cervo, camoscio, faina, martora e donnola, arvicole, volpe, lupo e in una primavera, grazie a una tardissima nevicata, abbiamo trovato anche le impronte di un orso che si era appena risvegliato. Piano piano prendendo le misure impara a identificare anche il sesso di alcuni animali, osservando il passo, l'allicciatura o la grandezza delle impronte. Queste continue investigazioni, estive e invernali lo distraggono e gli fanno sembrare queste lunghe e spesso faticose camminate un gioco. Posso solo essere orgoglioso di lui. Lo scorso anno durante il mese di luglio, a soli 6 anni, è salito sul Macaion per 5 vie diverse e nel gennaio dello stesso anno, con la neve che superava il mio ginocchio, e che a lui arrivava alla vita, è salito fino alla baita percorrendo i quasi 500 m di dislivello. La neve pesante aveva sradicato e spezzato molti alberi che ci complicarono di molto la salita. Dovevamo aggirarli o scavalcarli e il tragitto che d'estate ci rubava 40 minuti quel giorno ci costò 4 ore abbondanti. Credo che il pranzo di quel giorno rimarrà indimenticabile, non l'ho mai visto così felice di cucinare, eravamo sfiniti, ma tanto felici; noi, in mezzo a tutta quella neve, un cielo limpidissimo e un silenzio incredibile, disturbato solo dai nostri respiri e dai tonfi della neve che ogni tanto cadeva dagli alberi.

XXIV
Ciao, a dopo.

Era il giorno di Santo Stefano del 2020, stavo salendo il Macaion lungo la Via Nuova, la neve era dura, faceva freddo, ma ogni tanto sprofondavo comunque fino oltre il ginocchio. Lo zaino era pieno e pesante, avevo con me tutta l'attrezzatura fotografica, pile, magliette e giacche per il ricambio, borracce d'acqua, tè caldo, panini, frutta e attrezzatura varia: ramponi, piccozze e molto altro. Stavo cercando i passaggi dei lupi, volevo capire quale sentiero o forcella prendevano quando scendevano dalla Val di Non per arrivare in Oltradige. Quella mattina ho fatto tantissima fatica a salire quei 700 m di dislivello e quando arrivai in cima incrociai una persona, anche lui era da solo e non so da dove venisse. Poi per più di un'ora camminai lungo la cresta in direzione Forcella Piccola. Ero sicuro che il passaggio doveva trovarsi nel tratto che va dalla Forcella Forcolana alla Forcella Piccola. Un altro possibile passaggio poteva essere molto più a nord, dove si trova la Forcella di Gaido. Vidi moltissime tracce, volpi, lepri, camosci, cervi, caprioli, vari uccelli corvidi e galliformi, ma nessuna traccia di lupo. Arrivato alla Forcella Piccola avevo intenzione di riposarmi e mangiare, ma il tempo era pessimo, il vento era fortissimo e il mio orologio segnava una temperatura di -13 gradi. Pensai di cambiarmi, di mettermi una giacca e un pile più caldi e adatti alla discesa e di mangiare solamente una volta sceso dalla forcella. Nel bosco avrei trovato un posto migliore e meno ventoso per accamparmi e mangiare. Una volta rivestito mi misi i ramponi, dei guanti più grossi e sostituii i bastoncini con le piccozze. La forcella che conoscevo benissimo senza neve, d'inverno dopo le forti nevicate era quasi irriconoscibile. Un lungo canalone coperto da ghiaccio e neve a forma di U. Sembrava un'enorme pista da bob o slittino. Dopo 5 minuti di discesa mi fermai a stringere i ramponi e a controllare un dragone della piccozza che tenevo nella mano destra.

....

"Dove sono?"
"In ospedale Mirko."
"Cos'è successo?"
"Sei precipitato. Ti hanno soccorso. Non ricordi?"
No, non ricordavo nulla. Ascoltai il racconto. Mi dissero di essere riuscito a chiamare casa dicendo che mi ero perso. Nella mia testa sapevo che su quella montagna non potevo perdermi, la frequento anche di notte, la conosco come le mie tasche. Mi hanno trovato in fondo alla forcella e mi hanno recuperato con l'elicottero. Non ricordo. Cerco di muovermi e mi rendo conto che ho fratture alle costole, alla spalla e non sento più la mia natica destra. Sono pieno di escoriazioni, in faccia, sul dorso, sulla schiena, la mano destra è messa male. La piccozza con il dragone mi ha sfilato il guanto. Vedo male, come se ci fosse nebbia, non riesco a leggere. Mi dicono che probabilmente è colpa delle botte alla testa. I giorni successivi mi dicono che sono precipitato per più di 100 m di dislivello, per la precisazione 130/135 m. Hanno trovato un mio rampone

130 m più in alto di dove mi hanno trovato e dal rampone a me c'era seminato di tutto, macchina fotografica, piccozza, borracce, il guanto perso e molto altro. Durante il rotolare ho fatto due balzi nel vuoto di 5 m; sono quegli scalini naturali della forcella che d'estate si fanno grazie alle scale d'acciaio della ferrata. Quelli del soccorso alpino, alcuni dei quali sono del mio paese, mi dicono che sono miracolato e Hannes, che abita vicino a me, è stato colui che mi ha ritrovato. Al telefono mi racconta che gli avevo rivolto la parola senza però riconoscerlo e durante una visita i dottori mi spiegarono che è abbastanza normale dopo tutte quelle botte in testa.

Quest'incidente mi ha segnato e ancora oggi ci sono due cose a cui penso spesso. La prima è il fatto che non ricordo nulla, non so se sono scivolato, se sono svenuto, magari per ipoglicemia o se sono svenuto perché ho preso un sasso in testa. Non lo so. Credo che la vita sia fatta di esperienze, che si cresca grazie alle esperienze, purtroppo non so né se ho sbagliato e neppure dove ho sbagliato e lo trovo un peccato. La seconda lezione è quella che mi ha segnato di più. Quella mattina sono uscito di casa salutando i miei figli e la mia compagna come faccio tutte le mattine. Quasi distrattamente. Quel ciao, automatico, quasi un obbligo, poteva essere l'ultimo. Potevo non rivedere più i miei figli. Sono piccoli, hanno bisogno di un padre, di una spalla, un amico, una guida. Non so come spiegare quella sensazione, ho sempre dedicato molto tempo a loro, eppure mi sembrò di non esserci stato abbastanza, avrei potuto abbandonarli per sempre. Il periodo successivo all'incidente è stato duro. Ho avuto tantissimi incubi, sognavo ripetutamente che succedesse qualcosa ai miei figli, ero diventato iperprotettivo. Non ero più me stesso. Ho avuto bisogno di uno psicologo, per me, ma soprattutto per permettere ai miei figli di avere di nuovo un papà normale. Anche Nicolas era cambiato, aveva visto per due ore l'elicottero del soccorso intento nella mia ricerca e dal balcone mi ha visto salire in barella con la carrucola dell'elicottero. Avevamo già visto in passato il soccorso alpino all'opera durante le nostre escursioni, ma questa volta cercavano me. Ha avuto diverse notti difficili, ma piano piano ha superato anche questo, è forte.

Io da quel giorno sono diventato molto più sensibile alle notizie di cronaca nera, i primi tempi cambiavo canale, ora le reggo meglio. È stato un periodo molto duro, pensavo di non recuperare la vista, non riuscivo più a guidare la macchina, le ossa si sono saldate abbastanza in fretta, ma sono le ferite alla mente che impiegano più tempo. Non appena ho recuperato la forza fisica ho voluto tornare sul Macaion, con gli amici più cari e con mio figlio siamo saliti alla Forcella Piccola.

Volevo rivedere quei posti. Arrivati sul posto dell'ultimo ricordo, quello dove avevo stretto i ramponi, mi sono fermato. Ho guardato verso valle tutto il tragitto che ho percorso durante la caduta. Speravo che riaffiorasse qualche ricordo, ma nulla. Posso solo dire che sembra veramente impossibile essere sopravvissuti. Questa forcella è semplice d'estate e anche d'inverno non sembra affatto pericolosa e penso veramente che nel 99% dei casi non lo sia. Quel giorno era ghiacciata, quel giorno forse non stavo bene, forse ho sbagliato qualcosa, anzi di certo è così.

Nicolas e io da quel giorno siamo saliti diverse volte, siamo saliti anche su altre montagne. Lui è diventato più prudente, un po' per l'esperienza vissuta, un po' perché crescendo si è meno incoscienti. Mi sono dato una piccola calmata pure io, ma il richiamo è sempre là. Andrò sempre dove non vanno gli altri. Cercherò sempre tracce e passaggi in posti che gli altri non prendono in considerazione. Passerò i giorni e le notti a osservare animali nei posti più impensabili. Rischierò un po' come sempre, ma da quel giorno, il "Ciao a dopo" ha un altro sapore.

XXV
La spiumata

Ava, Nicolas e io stavamo cercando funghi; era una bellissima giornata di fine ottobre, che però ricordava l'inizio dell'estate. Avevamo trovato diversi funghi, quello che noi chiamiamo un bel misto: qualche *Boletus edulis*, diversi *Lactarius deliciosus*, alcune *Russula cyanoxantha* e molti *Cantharellus lutescens*.
"Papà, Nicolas, venite subito qui!"
Ci avviciniamo ad Ava, la più piccola e meno esperta del gruppo.
"Guardate, qualcuno ha mangiato un uccello!"
Davanti a noi una spiumata di *Garrulus glandarius*.
Le penne e le piume si trovavano tutte in una zona ristretta.
"Papà sono tantissime."
"Ottima osservazione Nic. Vedete quelle piccole penne azzurre con bande nere? Sono tipiche di una ghiandaia ragazzi. Vediamo un po' se scoprite il predatore, la preda l'abbiamo chiarita."
I ragazzi osservano bene piume e penne.
"Osservate bene!"
Nicolas raccoglie diverse penne e le osserva mentre Ava gioca con le piume.
"È stato un uccello rapace!"
"Bravo, da cosa lo riconosci?"
"Sono tutte libere, non ci sono piume e penne appiccicate dalla saliva, quindi non è un mammifero."
"Bravo. Poi cos'altro noti?"

"I calami non sono strappati, sono tutti interi."
"Giusto. Niente saliva, calami interi. Possiamo escludere i mammiferi. Ora, conosciamo i rapaci presenti in zona, sappiamo che la preda non è un uccello di piccole dimensione, anzi è una ghiandaia, siamo in un bosco abbastanza fitto, sappiamo che lo ha spiumato a terra o comunque non in alto e aggiungo che lo ha anche mangiato qui…"
"Perché dici non in alto papà e come fai a sapere che lo ha mangiato qui?"
"Nicolas, la spiumata è concentrata in poco spazio. È stata fatta qui, o su un ramo molto basso. Fosse stato in alto, le piume sarebbero sparse su una zona più vasta. Quindi chi prendiamo in considerazione? Bosco abbastanza fitto, ha spiumato per terra o comunque su uno di questi rami bassi e ha predato una ghiandaia."
"Habicht!"
"Penso proprio di sì, l'Astore (*Accipiter gentilis*) è il mio candidato numero uno! Anche perché siamo in autunno e questo ci agevola un pochino. Alcuni rapaci migratori sono via e poi... Nicolas quando e perché un Astore dovrebbe spiumare una preda in alto e non in basso come nella norma?"
Nicolas ci ragiona un po'.
"Non lo so."
"Da fine aprile a inizio giugno l'astore si riproduce, quindi le prede le spiuma sul nido per alimentare i piccoli. I nidi, che utilizza per più anni, sono sempre su alberi grandi, molto in alto, grandi e vicini al tronco. Solitamente scelgono un albero al margine di un bosco maturo, affacciato ad una strada, a un prato o a paludi. In quel caso la spiumata è su una zona molto più grande, ma se alzi lo sguardo capisci facilmente il perché.

C'è però un altro particolare, un'altra differenza nella spiumata. Un rapace non enorme, che non si nutre sul posto della predazione, deve alleggerire la preda per trasportarla al nido o al posatoio distante e per questo motivo stacca la testa e le ali e non lascia molte altre penne e piume sul posto. Poi arrivato al nido prosegue la spiumata con calma."
"Ok, ma se ha mangiato qui… ha mangiato proprio tutto? Ci sono solo penne e piume!"
"No, i rapaci sono buon gustai, mangiano le parti prelibate, il resto lo lasciano lì, ma tranquillo che volpi, faine, martore e altri animali spazzini e opportunisti ripuliscono tutto e se la mangiano in un luogo tranquillo."

Identificare il colpevole delle spiumate non è sempre facile. La presenza di saliva e di calami strappati esclude gli uccelli rapaci, ma poi non è altrettanto facile identificare quale mammifero era all'opera. La stessa cosa vale anche per penne e piume con calami integri e prive di saliva, non è stato un mammifero, ma quale uccello rapace ha pasteggiato? Quindi come restringere il cerchio oltre la classe mammalia/aves? Quello che possiamo fare per prima cosa nelle varie predazioni (che non devono per forza essere a danno di uccelli) è osservare bene la zona e i dettagli. Il modus operandi varia da animale ad animale, una volpe non si comporta come una faina o un lupo e un'aquila ha altre abitudini rispetto ad un nibbio. Per seconda cosa bisogna sapere quali animali sono presenti in zona e non bisogna dimenticarsi la stagione in cui ci troviamo. Alcuni animali sono migratori, altri come abbiamo visto si comportano in modo diverso se predano per loro o per i loro piccoli. La scena del crimine è uno dei passatempi preferiti con i miei figli. Li fa ragionare, bisogna riconoscere l'habitat e sapere chi lo frequenta e in quale stagione, sapere chi preda quali uccelli rapaci sono specializzati su alcune prede, chi va a caccia di lepri, chi di topi selvatici e arvicole, chi di anfibi e pesci, chi predilige serpenti.

Quando troviamo dei gusci di uova, è interessante capire se si sono schiuse o se sono state predate ed eventualmente da chi. Una cornacchia, uno scoiattolo, una martora o un serpente rompono le uova in modo molto diverso.

Quando si trova una carcassa di un ungulato, in base al tipo di predazione (come è stato aggredito, come è stato ucciso, quali parti sono state mangiate e quali trascurate, quali ossa sono state spezzate), possiamo ipotizzare se è stata opera di un lupo, di una lince, di cani randagi o di un orso. Sono i dettagli che possono raccontarci molte cose, bisogna solo conoscere gli animali, le prede e i predatori e sapere cosa cercare.

Saper leggere le tracce è un'arte che purtroppo abbiamo dimenticato. I nostri antenati però erano molto bravi a farlo, conoscevano gli animali e i loro comportamenti. Quello che noto nelle persone che ogni tanto porto con me, è che mentre cercano tracce e impronte sono spesso poco attenti. Sanno libri a memoria, ma non sanno osservare. Vivono troppo distratti. Spesso le persone mi mandano le foto delle tane che trovano chiedendomi di chi siano. La cosa più strana è che nella norma davanti alle tane c'è già tutto quello di cui hai bisogno, non la abita mica un fantasma. Chiunque ci viva lascia sempre qualche segnale della sua presenza e non devono mica essere per forza le sue impronte, ci sono tante altre tracce da cercare: pelo, aghi, piume, resti dell'alimentazione. Basta ricostruire il puzzle.

I carnivori e gli onnivori non sono gli unici a lasciare tracce delle loro alimentazioni, se si osservano bene: piante, erbe, cespugli e alberi, si possono vedere i segni lasciati dagli erbivori. Germogli e foglie mangiate, cortecce rosicchiate dai cervi, roditori e lagomorfi, (che non vanno assolutamente confusi con la scortecciatura lasciate su giovani arbusti da caprioli e cervi con i loro palchi durante il periodo dei fregoni), i tappeti di germogli di abete rosso lasciati a terra dagli scoiattoli mentre si cibano delle nuove gemme. Le pigne che vengono lavorate e aperte alla ricerca dei pinoli e di altri semi, in modo molto diverso da scoiattoli, topi o crociere (*Loxia curvirostra*).

Questa ricerca del colpevole é per i bambini un bellissimo gioco emozionante e ricco di suspense.

Saper osservare i dettagli fa la differenza, sempre.

XXVI
Ricordi

I miei primi ricordi del bosco appartengono ormai a molti anni fa. Sapevo camminare da pochi anni, credo ne avessi tre o quattro, ma ricordo bene alcune cose.

Non è comune ricordarsi i primi anni di vita, eppure ricordo molto e mia madre ancora oggi rimane stupita quando le racconto cose del periodo antecedente l'asilo. Ricordo mio padre che mi svegliava prestissimo, il profumo in casa della sua Miscela Leone, la partenza quando era ancora buio, il suo zaino (ricordo del suo periodo fra gli alpini), la Fiat 128 rally gialla, tutte le curve e le gallerie (mica l'autostrada di oggi) che portavano in Val Sarentina e il nido d'aquila che si intravedeva fra le rocce per pochi secondi fra una galleria e l'altra alle prime luci dell'alba. Arrivavamo a Sarentino quando la notte era ormai scomparsa e il bosco aveva il suo profumo amplificato dalla rugiada.

Ricordo i suoi scarponi enormi e i miei piccolissimi in pelle (mica in GoreTex come oggi) e noi che prima di partire li pulivamo e impregnavamo di grasso di foca per renderli idrorepellenti. Il bosco iniziava subito con una salita pazzesca, se distendevi il braccio davanti a te, toccavi quasi la montagna che ti si parava davanti. Era l'inizio, ma poi non migliorava mica, sembrava un muro, ancora oggi mi chiedo come riesca a esserci un bosco così fitto e vario su un versante così ripido. Era pieno di funghi e mio padre mi diceva sempre che in quel posto, li avremmo sempre trovati. Scherzando ripeteva, i camosci non hanno mica zaini e cestelli. Solo dopo un'ora di rampicata la montagna finalmente spianava e i funghi per fortuna non diminuivano, ma d'altronde quale pazzo sarebbe salito lì? Credo che le mie gambe instancabili siano il risultato di quel muro.

Ricordo i mirtilli e mio padre che beveva un litro di caffè (vero questa volta) dal suo fedele e inseparabile thermos. L'amore per il bosco credo sia nato in quei posti. Mio padre ama molto la natura e conosce molti funghi, alberi e uccelli; dei serpenti invece ha una paura folle. Quando ho iniziato ad andare nel bosco con mio figlio, prima sulle spalle, poi per mano, rivivevo il mio passato. Ricordi dimenticati riaffioravano e la nostalgia, mista a un po' di tristezza si mescolava a una rinnovata gioia. Ero sempre io, ma da comparsa quale ero negli anni '70 sono diventato ora l'attore principale e mio figlio curioso com'é mi bombarda di domande. I suoi perché mi mettono ripetutamente alla prova e mi costringono spesso a rileggere e studiare vecchi e nuovi libri.

È una strana sensazione quella che si prova quando, 40 anni dopo, ti senti rivolgere le stesse domande che ponevi tu a tuo padre; eppure qualcosa ti tranquillizza, forse il fatto che non troppe cose siano cambiate, che la curiosità di un bambino per la natura si è conservata, che basta portarli in un bosco a fare due passi la domenica e non in un centro commerciale per veder rinascere la mente. I bimbi sono curiosi, basta stimolarli e la natura è il più grande spettacolo che esista. Siamo noi adulti, troppo pigri, spesso troppo ignoranti ed egoisti, che preferiamo la nostra comfort zone, dove non veniamo stressati con domande a cui non sappiamo rispondere o peggio ancora, a cui rispondiamo in modo sbagliato pur di farli stare zitti. Prendi il cellulare, prenditi un gelato, guarda la TV, basta che non ci stressino l'anima. Non è sempre facile dare risposte, ma è meglio non darle che darne di errate solo per farli stare in silenzio.

A mio padre devo pure la passione per l'orto, anche se da bambino tutte quelle ore passate a togliere le "erbacce" erano una tortura. Niente però può eguagliare quella gioia e quella soddisfazione che provi quando puoi finalmente addentare una carota o dei pomodori che hai coltivato e curato per mesi. Il sapore delle fragole e dei lamponi, dopo tutto quel lavoro era amplificato alla N e imparavi anche a riconoscere il vero sapore della frutta e della verdura.

Per Nicolas e Ava oggi è uguale, hanno le loro aiuole private che coltivano sotto la mia supervisione e sono felici quando poi raccolgono e mangiano i loro sudati frutti. Imparano così che senza fare nulla non si ottiene nulla, che la natura ha i suoi ritmi e le sue problematiche.

XXVII
La scelta consapevole

- 127 -

Trovare animali feriti o ammalati in natura mi lascia ancora oggi una sensazione un po' strana. Come ho già detto, cerco sempre di non interferire nei cicli naturali. Non è sempre facile, ma come rinuncio alla foto dell'anno pur di non disturbare gli animali e i loro equilibri, così non soccorro un animale ferito o ammalato. In natura sono proprio questi gli animali candidati a essere il pasto di un predatore. Una facile preda garantisce la sopravvivenza di un'altra specie e agevola anche la vita a un conspecifico sano. Ho sempre pensato, per quanto mi sia difficile, che questa sia la scelta giusta. In caso di animali feriti dall'uomo (automobili e altri incidenti) o di animali rari e in via di estinzione ho fatto ovviamente delle eccezioni. Non mi è mai stato facile voltarmi e andarmene, spesso certi ricordi mi hanno tormentato per giorni, ma questa rimane per me la decisione corretta. Noi esseri umani abbiamo spesso questa mania di voler intervenire ovunque: ma il pullo che cade dal nido e che non impara a volare in fretta, il camoscio che salta di meno, la lepre che ha una malattia agli occhi e molti altri, sono proprio coloro (i meno adatti) che inciamperanno nel lungo percorso evolutivo. Tutto questo vale anche per i predatori, troppo spesso ce ne dimentichiamo, ma la poiana che vede male, il serpente che non individua bene le prede, il lupo o la lupa in dispersione che non trova un partner per formare un nuovo branco, la volpe che ha meno udito, sono tutti destinati a una difficile e spesso breve vita. Non è sempre facile spiegare queste mie motivazioni, non solo ai bimbi, la sindrome, che io chiamo, della crocerossina, si nasconde anche in molti adulti.

L'essere umano prova spesso tenerezza e pietà in base a gusti, pregiudizi e preconcetti personali, basati spesso sulla cultura locale o sui suoi ricordi famigliari; oltre a queste matrici non dobbiamo dimenticare le varie fobie. Al 99% delle persone non fa nessun effetto se un gatto domestico cattura e uccide un uccellino (figurarsi un roditore o un rettile). Ma il gatto domestico non dovrebbe interferire con gli ecosistemi, perché non ne fa parte, non è un gatto selvatico e come tutti gli animali domestici, non dovrebbe interferire con gli animali selvatici. Questo per dire che se, invece, un animale selvatico preda un altro selvatico, tipo un serpente un pettirosso, un ermellino una lepre, un lupo un cucciolo di capriolo o una volpe un germano, le opinioni si dividono. Ho visto gente colpire serpenti perchè predano rane o lucertole e scandalizzarsi se un lupo sbrana un cervo. Ho visto gli stessi raccontare entusiasti e orgogliosi di come il cane ha rincorso per un'ora un capriolo. Nella mia vita ho visto gatti predare uccelli e micromammiferi rari, ho visto una capriola gravida stramazzare al suolo dopo essere stata rincorsa per mezz'ora dal cane di un escursionista. Quando dico e ripeto alla nausea che questi sono comportamenti sbagliati, mi sento sempre ripetere due cose. La prima: "è nel loro istinto"; la seconda: "noi umani facciamo di peggio".

Non mi stancherò mai di rispondere e spiegare che hanno ragione. È nel loro istinto ma non fanno parte dell'ecosistema, quindi dobbiamo evitarlo, anche perché rincorrono e predano, senza motivazione. Nel 99% dei casi non mangiano la preda, non sanno cosa farsene e non raccontatemi di fantomatici regalini lasciati sul tappetino. In realtà non sanno cosa farsene. Uccidono per nulla, anche perché da domestici hanno sempre la ciotola piena. Sul fatto invece che noi facciamo spesso di peggio concordo, ma fra questo peggio c'è anche il permettere ai nostri amici a quattro zampe di interferire e uccidere animali selvatici. Ci sono una marea di ricerche sull'impatto che gli animali domestici hanno sulla natura e come ho detto lo inserisco fra i tanti impatti che sono causati dalla negligenza umana. I nostri domestici non sono altro che la nostra lunga ombra, siamo sempre noi a fare danni.

Lo so che questi argomenti non sono facili da accettare e capire, ma questa è la realtà. Noi siamo responsabili dei nostri animali domestici e dobbiamo proteggerli (in modo legale) dai predatori selvatici, ma dobbiamo anche sapere che siamo altrettanto responsabili di ciò che i nostri animali combinano e questo non solo per correttezza ecologica, ma anche per la legge.

XXVIII
La volpe e l'asino

"Nicolas, vieni qua."

Nic lasciò perdere i mirtilli e venne subito da me.

"A quale animale apparteneva?"

Mio figlio osservò lo zoccolo, poi aiutandosi con un ramo lo sollevò per vederlo anche da un'altra prospettiva.

"Penso sia la zampa di un capriolo papà."

"Da cosa lo capisci?"

"Gli unghioni sono molto appuntiti, non sono molto curvi. La misura non è molto grande. Non è un cervo, neanche uno giovane."

"Hai ragione. Guardiamo se troviamo altro!"

Ci separammo con l'intenzione di fare dei cerchi sempre più grandi intorno alla zampa, ma non andammo molto lontani.

"Papà qui c'è una spiumata."

"Qui ce ne sono due Nicolas."

A meno di 5 m dalla zampa trovammo tre spiumate.

"Riconosci le prede Nic?"

"Queste sono facili! Devono essere le galline del vicino."

Nicolas aveva ragione, erano tre spiumate distinte di gallina e a circa 400 m c'era il maso di Josef e il suo pollaio.

"Una volpe deve aver scelto questa zona come ristoro. Hai visto che le penne hanno i calami strappati e che le piume sono appiccicate fra di loro con la saliva?"

"Sì, sì, ma la zampa del capriolo? È stata sempre lei papà?"

"Tu che dici? Osserva bene."

Nic osserva le varie ossa ancora unite fra loro dai legamenti e da un po' di carne ancora presente.

"Non so, è stato fatto un bel lavoro, è stato spolpato bene e poi è qui fra le spiumate. Dev'essere stata sempre la volpe."

"Sicuro?"

Lo guardai negli occhi.

"Se mi guardi così, vuol dire che ho sbagliato."

"Ni. La penso come te, la zampa l'ha portata fin qui la volpe."

"Però non l'ha predata. Giusto?"

"Esatto, una volpe non è in grado di predare un capriolo, ma ti dico che non l'ha nemmeno staccata lei. Osserva bene l'omero. È tranciato. Una volpe non è in grado di spezzare un omero di quelle dimensioni. Il predatore dev'essere stato un lupo."

Le volpi, ma anche tassi, orsi e altri animali non disdegnano le carcasse, sono opportunisti.

"Chissà dove sarà stato predato."

"Sicuramente non qui, non c'è altro che possa appartenere a un capriolo. Le volpi cercano sempre un posto tranquillo dove banchettare e sembra che qui si senta proprio tranquilla. Cos'abbiamo scoperto quindi?"

"Che ci sono i lupi, che la volpe si abbuffa in questo posto e che Josef ha tre galline in meno!"

"E che Josef non sa proteggere i suoi animali domestici."

"Forse meglio così, visto che molti vedono il fucile come unica soluzione."

"Hai ragione Nicolas. Molti pensano che ci siano troppi predatori, che andrebbero ridotti, ma non capiscono che se non proteggi i tuoi animali, ne basta uno solo di predatore.

Secondo il loro modo di prevenire bisognerebbe estinguere i predatori, ma così anche un idiota sarebbe in grado di proteggere i propri animali."

XXIX
Gli escursionisti della domenica e una riflessione sugli animali pucciosi

Una delle situazioni più incredibili che ho messo in atto è stata quella di fingermi un cervo, da solo, ma una volta anche con mio figlio. Molte persone che mi conoscono o che comunque mi seguono sui social, mi dicono che durante le loro escursioni vedono assai pochi animali. Io stesso ne vedo meno di molti fotografi perché non pratico quasi mai l'attesa. Non mi mimetizzo e non attendo ore e ore. Io nel bosco cammino, in silenzio, cerco sempre di fare il meno rumore possibile e cerco tracce, mi fermo solo quando riposo o se noto un animale.

Solo di notte pratico l'attesa. In quel caso so già dove si muove un preciso animale, lo so da ricerche precedenti e non faccio altro che attenderlo al buio con il visore notturno. A queste persone rispondo che la causa del loro insuccesso è dovuto principalmente a due cose; la prima è che fanno troppo chiasso e anche se non ci credono è la verità, parlano e nella norma hanno il passo di un elefante, la seconda è che semplicemente non li vedono. Se un animale sta fermo non lo notano. Vedono un capriolo che fa due salti fuggendo, ma lo vedono sempre dopo averlo sentito. Anche il battito di ali di un colombaccio permette la sua visione. Il cervo (come molti altri animali) invece sta fermo e per confermare la cosa ogni tanto decido di rimanere immobi-

le a 10 m, spesso anche meno, da un sentiero; e lì, in piedi o seduto, aspetto, aspetto e aspetto e nonostante non usi vestiario mimetico, ma quasi sempre pantaloni grigi o neri e magliette blu o verdi, decine e decine di persone mi passano davanti senza notarmi. Non ci credeva nemmeno mio figlio, inizialmente, ma la verità è che siamo distratti e che la maggior parte delle persone è solo convinta di saper osservare. Gli abitanti del bosco li chiamo da sempre fantasmi, abbiamo una miriade di occhi puntati addosso ma non li notiamo, ci accorgiamo della lucertola quando sposta delle foglie secche, del picchio quando tambureggia, della ghiandaia quando avvisa il bosco della nostra presenza, dei caprioli quando abbaiano o si danno alla fuga. Se la maggioranza di noi non vede un uomo alto un metro e ottantatré con due rami in testa come palco (per fortuna non mi notano, altrimenti chiamerebbero il reparto psichiatria dell'ospedale) figuriamoci se notano animali molto più piccoli. Quando passeggio con persone che mi vogliono seguire nel mio girovagare, mi succede spesso di doverle fermare trattenendole per un braccio. Nella norma, un po' sorpresi, mi chiedono:
"…cosa c'è?" e la mia risposta è sempre la stessa: "non noti nulla?"

Quasi sempre a meno di un metro, se non addirittura fra i loro piedi, si trova un anfibio o un rettile. La seconda frase più gettonata è: "Ti prego dimmi che non è velenoso" seguita da "dimmi che non morde" o "dimmi che non ha più di 4 zampe e nemmeno meno di due".
Se poi realmente c'è un serpente mi chiedono: "Ma non dovrebbe scappare?"
E io: "Ma non volevamo vederli?"

Sta proprio in questo, l'assurdo controsenso. Vogliono vedere gli animali, ma non troppo da vicino e in tal caso consiglio la TV. Penso veramente che solo poche persone si rendano conto della fortuna che hanno di vedere alcuni animali: una vipera dal corno, un toporagno d'acqua, un driomio, una *Rosalia alpina*, un picchio tridattilo o un *Gypaetus barbatus*. Non è sempre una questione di rarità, alcuni animali, anche se non sono rari perché minacciati, sono comunque difficili da vedere. Spesso mi chiedo se i miei figli avranno la mia stessa fortuna; parlando con loro mi rendo conto che forse alcune specie non le vedranno mai dal vivo, altre per fortuna (che durante la mia infanzia erano localmente estinte) sono oggi, grazie alla protezione e a nuovi reinserimenti, nuovamente presenti.

La loro dispersione è nuovamente in atto. Lupi, orsi, molti uccelli rapaci, alcuni micromammiferi e molti altri animali, sono per fortuna nuovamente presenti. Da bambino su molti di loro sentivo solo leggende e fiabe, qualcosa è stato fatto, qualcosa no; si può fare molto di più, per esempio avvicinare le persone alla natura va bene, ma non sfruttando la natura stessa. La gente dice di amare la montagna, ma poi in realtà ama le piste da sci e le baite dove mangiare, bere e ubriacarsi. Ama la montagna ma senza una comoda seggiovia non ci va. La montagna dovrebbe essere fatica, boschi, quiete, solitudine, silenzio e natura, invece trovi sempre più cemento, sempre più piste da sci/prati, i sentieri (non intendo le strade forestali) distrutti dalle infinite e-bike, rumore, mandrie di esseri umani che senza l'aiuto di una seggiovia o di una batteria mai e poi mai sarebbero saliti tanto in alto. Oramai dopo le spiagge abbiamo distrutto la montagna. Trovi concerti dal livello del mare fino ai 2000 m, alberghi e ristoranti ovunque. Purtroppo la gente vuole vivere la Natura dal vivo con la stessa fatica del guardarla in TV. Le spiagge sono oramai scatole di sardine e la montagna è sulla stessa strada. La gente ancora non si rende conto che tutto ciò ci porterà a un finale amaro. Nella realtà si pensa solo a fare reddito senza pensare che il gioco in queste condizioni non durerà in eterno.

È un concetto difficile da far capire, lo noto ogni volta che li osservo. Si comportano come se non intaccassero nulla, come se il loro passaggio, non causasse nulla, ma nella realtà sono simili alla piaga delle cavallette, la differenza è che non sono temporanee. Amano la montagna ma non la conservano, consapevolmente o meno, la usano e basta. C'è mancato poco che la mia generazione non vedesse più un'aquila e molti altri animali come orsi e gipeti li rivediamo solo grazie a progetti di reintroduzione. Grazie ai vari progetti di protezione anche il lupo e la lince stanno lentamente riprendendo i loro territori; ma sono ancora molti gli animali a rischio di estinzione e non sto parlando di ambienti in continenti lontani, parlo della nostra Italia e delle mie Alpi.

Quali animali saranno presenti solo nei libri dei miei figli e dei miei futuri nipoti? Che fine faranno il *Neophron percnopterus* (Capovaccaio), il quercino (*Eliomys quercinus*), molte specie di pipistrelli, anfibi, mammiferi marini e terrestri e artropodi? La cosa che molti non capiscono è che gli animali li puoi proteggere fin che vuoi, ma se poi non proteggi i loro habitat per cosa li proteggi? In molte zone mancano i boschi di latifoglie (abeti ovunque e poi lamentiamoci del bostrico), mancano boschi maturi, zone umide, torrenti e fiumi senza infrastrutture che bloccano il passaggio di pesci, anfibi e crostacei. I ghiaioni vengono trasformati in sabbia per l'edilizia, le dune le spianano, le paludi le bonificano e ferrovie e autostrada creano barriere artificiali. In passato erano solo i grandi fiumi e le grandi catene montuose a delimitare l'espandersi delle varie specie, oggi lo sono cemento, asfalto e reti.

La nostra geomorfologia (Alpina) complica anche la costruzione di possibili corridoi per gli animali selvatici. Una cosa è costruirli nella pianura della foresta nera come hanno fatto con i sovrappassi per l'autostrada, un'altra cosa è in una valle con molte variabili morfologiche e dove magari oltre a un'autostrada ti ritrovi la statale, la ferrovia e un fiume in uno spazio ristretto e con mille intersezioni. La triste realtà è che la gente ama gli animali, ma quelli domestici: il cane, il gatto e il canarino e si sdegna per altri animali sempre domestici come: il maiale, la vacca, l'oca, la gallina e i conigli. Ma degli animali selvatici che si estinguono interessa invece a pochi, specialmente dei meno pucciosi e coccolosi. Se uccidi un gatto che non ha nessuna importanza ecologica, se non per i danni che crea, apriti cielo, se estingui una specie di rana, che ha un ruolo e un suo preciso spazio ecologico, a chi importa veramente? La maggioranza dei selvatici sono visti come un problema. Il lupo mangia la pecora (animale domestico), l'orso mangia un alveare (ape domestica), gli storni ti mangiano le ciliegie (cultivar domestica), la faina ti mangia le galline (animale domestico) e potrei continuare per ore. Gli animali domestici sono un nostro capriccio, quasi sempre un business e come ho scritto precedentemente, sono sotto la nostra responsabilità (in ogni senso); non devono creare problemi all'ecologia ed è proprio per questo motivo che la colpa è nostra se poi ne causano. Le persone si scandalizzano della morte delle api (*Apis mellifera* - Ape domestica) che l'uomo ha allevato, selezionato ed esportato in tutto il mondo anche dove non erano presenti, a discapito delle api selvatiche locali. Non ci sono mai state così tante api domestiche al mondo come negli ultimi anni. Il miele è business. È vero, negli ultimi anni sono un po' calate per diversi motivi, acari, insetticidi, meteo e molto altro, ma sono ancora tantissime, ma veramente tantissime, in confronto a 50 o 100 anni fa. In pratica abbiamo creato un monopolio degli impollinatori. Anzi, andrebbe ricordato che non tutte le piante hanno bisogno di impollinatori e che nessuna pianta viene impollinata solo da *Apis mellifera*. Alcune piante (Orchidee per esempio) invece, hanno una specie che si é adattata proprio per essere impollinata da una farfalla particolare, un dittero, un uccello o un'altra specie di imenottero. Gran parte delle piante impollinate dall'ape domestica viene impollinata anche da altre specie. Ora vi chiederete, ma Mirko ce l'ha con le api. No, io ce l'ho con chi crede che l'ape domestica salvi il mondo e con chi non vede quanti artropodi (insetti e non) siano in pericolo reale di estinzione, ma si preoccupa solo dell'ape domestica che è tutto tranne in pericolo di estinzione! Perché se scompaiono non è un problema, o almeno non è il vero problema. Prima del loro allevamento, le api selvatiche e molti altri animali (non solo imenotteri e non solo insetti) hanno svolto l'impollinazione. Ma come sempre, se l'essere umano si accorge che qualche insetticida, il clima, l'antropizzazione o altro, creano danni, lo fa solo se gli si tocca un animale domestico. Se le nostre attività estinguono un coleottero, una farfalla o un'ape selvatica, amen; noi ce ne accorgiamo solo se tutto ciò tocca la nostra fonte di guadagno: il miele. Visto che quello è a scopo di lucro bisogna inventarsi la catastrofe dell'impollinazione. Ma se ora vi dico che decido di coltivare *Asimina triloba,* (il Paw Paw va di moda oggigiorno) e che i suoi insetti impollinatori principali sono dei ditteri: delle belle mosche carnarie (*Sarcophaga carnaria* e simili) e qualche raro coleottero e non le sbandierate api, che facciamo? A nessuno importa della moria di questi bei mosconi! I mosconi non producono miele, non ci fai del filetto o del paté e non ti si coccolano addosso (e se lo fanno, non vi piace), nessuno tranne il coltivatore di Paw Paw ci guadagna grazie a loro (in alcuni stati sono una fonte importante). Nessuno alleva mosconi e ci guadagna con loro (tranne per fare larve per la pesca) e, pertanto, nessuno parla della loro moria e stranamente nessuno parla di insetticidi. Amen.

Non toccate l'animale domestico all'uomo!
Come scritto sopra, il vero pericolo per una specie, non è il predatore naturale e aggiungerei autoctono o in dispersione, ma il concorrente. Questo non lo sapeva solo Lorenz molto tempo fa, ma ci sono diversi studi a riguardo. Lo si può comunque notare con l'osservazione. Non intendo la concorrenza intraspecifica ovviamente, ma quella interspecifica: questa cosa mi ha fatto ragionare spesso sull'azione dell'uomo. È ovvio che noi siamo dei grandi concorrenti poiché sconvol-

giamo e monopolizziamo non solo diverse nicchie trofiche, ma spesso interi habitat e oltre a questo, siamo
in taluni casi anche predatori. Voglio, però, parlare di
altro, torniamo alla nostra Apis mellifera e alle varie
sotto specie che abbiamo portato in tutto il mondo. Ricordo che le sue origini sono l'Asia occidentale e solo
poi, più recentemente circa 1-2 milioni di anni fa, è di-
venuta presente in Nord Africa, Europa Orientale e
Europa Settentrionale. I primi tentativi di gestione dovrebbero essere avvenuti in Anatolia circa 8500 anni
fa, con i primi alveari artificiali. Oggi l'apicoltura per
me è zootecnia. Non ci sono mai state così tante api
domestiche (Apis mellifera) come oggi e per di più
sparse in tutto il mondo, anche in continenti dove prima non era presente, eppure la natura esisteva,
l'impollinazione avveniva comunque e nessuno mori-
va nel lasso di tempo di tre anni, come molte false notizie dicono. Ora però voglio osservare la cosa da un
altro punto di vista. Gli insetti, ma anche altri artropodi, mammiferi, uccelli e pure l'uomo, oltre al vento,
impollinano senza volerlo. Molti pollini rimangono at-
taccati e vengono spostati dai nostri pantaloni per
esempio. Insetti e altri animali che si nutrono di nettare
e di polline o semplicemente sostano su un fiore, tra-
sportano il polline inavvertitamente da fiore in fiore .
Ci sono animali che si nutrono di poche specie di fiori
e altri che banchettano su tantissimi. Alcuni animali
sono anche così specializzati in una specie di fiore che
sono gli unici a impollinarlo. Altri ancora ne impollinano 3/4 o poche altre specie. L'Apis mellifera, invece, è meno specializzata e si nutre e quindi impollina,
tantissime specie di piante. Bene, ora sappiamo che
abbiamo invaso il pianeta, sia geograficamente che nu-

mericamente, con un insetto. Numeri realmente folli, trovatemi un altro animale così presente. Abbiamo arnie ovunque. Ora vi ricordo Lorenz: il nemico di una specie non è il predatore ma il competitor.

Abbiamo, purtroppo, un vistoso calo di api selvatiche e di altri insetti, ma la colpa non va cercata solo nel campo dei pesticidi come avviene sempre e specialmente con Apis mellifera. Per questi insetti, Apis mellifera è un fortissimo competitor. Non dobbiamo dimenticare che alcuni insetti non hanno grandi alternative, sono specializzati su poche piante. Apis mellifera invece trova sempre qualcosa con cui pasteggiare. Per alcuni insetti la forte concorrenza su poche specie per loro utili è problematica. Per di più vengono accudite e curate dall'uomo. Esse hanno, anche in primavera, fin da subito una popolazione importante. Di molte specie, invece, ogni anno c'è la rifondazione di una nuova colonia da zero. Chiudo questo argomento ricordando altre due cose. Il fico, che non è un frutto ma un fiore, viene impollinato da un imenottero (*Blastophaga psenes*) della famiglia dei *Agaonidae*, molti probabilmente la scambieranno con una formica alata, che rimane all'interno e viene successivamente decomposta da un enzima (ficina) in proteine. Questo mutualismo è noto come sistema Blastophaga-Fico. Un impollinatore specifico. Questo mutualismo condiziona la vita di entrambi e la loro esistenza è legata solo alla presenza dell'altro. Le nuove cultivar di fico però, prodotte dall'essere umano, sono oggi giorno auto fertili. Questo ha risolto il problema dell'assenza della Blastophaga psenes causato anche dall'utilizzo degli insetticidi. Vi piace la cioccolata? I cioccolatini, la torta Sacher?

Il gelato al cioccolato? La cioccolata calda? Bene dovete ringraziare qualcun altro. La pianta del cacao, ma non solo, è impollinata da insetti dell'ordine dei ditteri e della famiglia dei Culicidae. Questi piccoli insetti sono i suoi principali impollinatori; sono glicifagi e si nutrono per il fabbisogno energetico di nettare e melata. Molte specie di Culicidae però hanno bisogno anche di un apporto proteico per portare a completa maturazione le proprie uova e diventano così anche zoofagi (o ematofagi). Ora, forse, troverete le zanzare meno odiose visto che sapete che impollinano il buon cacao e pungono solo le femmine per la riproduzione. Ovviamente, da noi, non ci sono coltivazioni di cacao, ma le zanzare danno comunque un contributo importante all'impollinazione, come tantissimi altri ditteri e vespidi. Visto, però, che da loro non abbiamo un tornaconto economico (miele) la parte dell'impollinazione non interessa quasi più a nessuno e se li sterminiamo con gli insetticidi fa lo stesso, anzi, una gran fetta della popolazione spesso lo richiede; e così torniamo al solito punto. Non è l'ambiente che interessa alla falsa ecologia, non è l'impollinazione, è il business del miele e per salvare questo business lo si camuffa da Ape salvatrice del mondo.

Dobbiamo invece ricordare come ho già detto, che tutti abbiamo un ruolo e non uno scopo. Siamo noi che inventiamo lo scopo per un NOSTRO fine. La cosa triste è che quando affronti questi argomenti passi per uno che ce l'ha con le api, o con l'agricoltura, o con i gatti per il loro impatto ecologico. No, sono solo coerente e realista. L'apicoltura in primis è zootecnia e business, l'agricoltura in primis non è naturale, il gatto domestico non fa parte della fauna selvatica, bisogna essere consapevoli di questo, sapere e ammettere che hanno un impatto sulla natura e sull'ecologia. Bisogna essere responsabili delle proprie azioni, negare questo, fare finta di nulla, avere due pesi e due misure, cercare alibi, credere che un animale sia più importante di un altro in base alle nostre simpatie o al nostro personale tornaconto è sbattersene della natura e dell'ecologia.

Ho più volte detto che non volevo scrivere di animali domestici, ma è realmente possibile non farlo se si discute di ecologia?

XXX
Un orso fantasma e un'etica inventata.

Ho già scritto precedentemente su questo argomento, ma una situazione mi costringe a ritornare su questo tema. Sono nascosto in mezzo a dei cespugli con la speranza di vedere un orso. Mentre me ne stavo tranquillamente accovacciato alcune formiche si sono infilate sotto i pantaloni pizzicandomi. Le formiche come sapete sono animali sociali, gli orsi invece sono solitari, i maschi lo sono sempre, le femmine lo sono solo quando non hanno i cuccioli, che proteggono e istruiscono fino alla completa autonomia per circa un anno e mezzo, massimo due. Ovviamente parlo del nostro orso bruno, presente in Trentino Alto Adige. Questi due modi molto diversi di vivere mi hanno fatto pensare ad alcuni paragoni con l'essere umano e a una frase ricorrente, detta da molte persone.

"La natura è così perfetta, peccato che l'uomo sia così cattivo."
Per prima cosa non so cosa intendano con perfetta, credo che dipenda molto da cosa ogni singola persona intenda con quell'aggettivo. La natura per quanto mi riguarda è un continuo adattamento, o tentativo di adattamento. Potrei elencare una quantità infinita di esempi di una non perfezione assoluta, come tra l'altro i retaggi anatomici dell'evoluzione, che spesso sembrano delle cose prive di senso o d'intralcio, ma che in realtà sono prove indiscutibili dell'evoluzione stessa e

di adattamenti a un lontano passato.

Sul fatto che siamo i più cattivi vorrei discuterne. Anche qui dipende da cosa la singola persona intenda con cattivo.

Io sono cattivo se penso al mio interesse personale, un orso o un leone che uccide i piccoli di un competitor per potersi riprodurre con la femmina non lo è? Il cuculo che getta i fratellastri dal nido? Il capriolo che ingravida la capriola e poi l'abbandona? Io credo che nella realtà sia proprio l'opposto. L'essere umano ha inventato etica e morale, che in natura non esistono. Possiamo discutere su come l'uomo sia giunto alle varie regole; a regole che sono influenzate da un lunghissimo percorso che parte dalle più antiche civiltà e arriva fino ai nostri tempi, con culture molto differenti in base a religioni, storia, leggi, usanze e molto altro. Ancora oggi confrontiamo, non senza animate discussioni, le varie culture; ma alla fine dei conti, sono proprio l'etica e la morale, se pure molto divergenti nelle varie culture, che ci allontanano dall'essere cattivi. Siamo una specie sociale; molto più sociale e con molte meno caste di altri animali sociali. Abbiamo la nostra libertà, una libertà d'azione molto più grande paragonata a loro e infine abbiamo un'esclusiva, un'esclusiva che è a prova di scienza, la solidarietà. Una solidarietà che spesso va ben oltre a quella limitata alla coppia o alla famiglia più stretta.

Si cerca di aiutare i più deboli, con leggi, beneficenza, volontariato. Si cerca di aiutare la società con la sanità pubblica, con gli ammortizzatori sociali, con la scuola pubblica.

Non tutto funziona, sia ben chiaro, ma tutto questo è merito delle nostre società; alcune più evolute e altre meno. È il merito dell'etica e della morale all'interno di una società ed entrambe non sono naturali, ma un risultato dell'uomo. Se osserviamo bene, l'essere più buoni e più sociali, è un allontanarsi dalla natura, infatti in essa, l'etica non esiste. Andiamo spesso ben oltre al legame sanguino, ben oltre il conoscere personalmente un soggetto. Quante volte si versa del denaro su un conto corrente a favore di popolazioni lontane che hanno subito qualche catastrofe o persone che hanno bisogno di cure particolari. Sono sicuro che non esiste nessun'altra specie al mondo così altruista e buona. Ovvio che poi all'interno delle singole specie esistano le eccezioni. Siamo anche in grado di fare enormi disastri, spesso inconsciamente, altre volte volutamente.

Ma quello che non sopporto è quando si fa di tutta l'erba un fascio. L'uomo… L'uomo … Siamo in tantissimi, la maggior parte delle persone che conosco sono soggetti per bene, disponibili ad ascoltare, a informarsi, a migliorare, a preservare. Se siete circondati da persone ignoranti, cattive e menefreghiste, forse dovreste porvi qualche domanda. L'essere umano è distante dalla perfezione, sempre che esista, ma dobbiamo ricordarci che siamo una specie giovane, recente. La nostra evoluzione culturale è ancor più recente, ci vorrà pazienza, ci vorrà tempo e noi intanto possiamo solo provare a migliorare.

Nonostante l'orario fa un caldo infernale, l'orso non si è ancora fatto vivo e le formiche mi stanno martoriando le gambe. Gli occhi mi bruciano per colpa del sudore e del continuo cambio fra cellulare e visore notturno. Ho gli occhi che ballano il twist. Basta pensare e scrivere, è giunta l'ora di dedicarsi esclusivamente all'orso. In questa estate torrida non si trova più acqua per chilometri, i ruscelli sono tutti secchi, ci sono solo questi due stagni artificiali. Uno è recintato, è dei vigili del fuoco e viene utilizzato come bacino d'emergenza in caso di incendi; l'altro che è alimentato dal primo con l'acqua di trabocco non è recintato e in questo periodo di forte siccità è quasi secco. Con questa situazione atipica l'acqua si è ritirata dall'argine creando una striscia bella ampia di melma fra il prato e lo specchio d'acqua. Nei giorni scorsi avevo visto molte orme di vari animali in quel fango e alcune in particolare avevano attirato la mia attenzione. Erano impronte di orso e da quello che potevo capire era venuto più volte a dissetarsi.

Scende il buio e finalmente sento arrivare i primi fantasmi. Il primo a presentarsi è un tasso. Come sempre si fida principalmente del suo fiuto e così si ferma ad annusare. Per fortuna il vento la notte tira quasi sempre verso est e la mia scelta è stata azzeccata, sono sotto vento. Conoscere bene la zona ha i suoi vantaggi. Beve ma non si ferma a lungo e torna subito al suo girovagare. Il secondo animale si presenta un'ora dopo, un femmina di capriolo, è incredibile come stiano sempre all'erta anche mentre bevono. Le due orecchie continuano a cambiare direzione e non appena sente qualcosa di strano alza la testa e immobile scruta la zona muovendo sempre e solo gli orecchi in tutte le direzioni. Una volta dissetata scompare nel bosco. Inizio a essere stanco e sono scomodo, la temperatura è ancora troppo alta per i miei gusti, sudo e attiro zanzare e altri insetti. Con il visore osservo il paesaggio.

Non lontani da me vedo due maschi di cervo, stanno mangiando delle foglie da alcuni alberi, avranno 3/4 anni, sono molto belli, ma io sono qui per l'orso che non si fa vedere e incomincio a rassegnarmi. Puoi leggere tutte le tracce che vuoi, ma poi rimane sempre una questione di fortuna e anche se è vero che aiuta gli audaci è ancor più vero che deve vederci assai poco, figuriamoci di notte. Dopo altre due ore vane decido di tornare a casa, la luna che è a tre quarti della sua interezza, mi dona abbastanza luce e così utilizzo la lampada frontale solo per raggiungere la forestale; da lì in poi cammino i chilometri che mi separano dalla macchina al chiaro di luna. Con il visore in una mano e la torcia spenta nell'altra percorro in silenzio la strada che conosco quasi a memoria con gli orecchi tesi a scorgere ogni minimo rumore.

Il bosco di notte è tutt'altro che silenzioso, specialmente in nottate con poco vento, si sentono una quantità incredibile di rumori, dai ghiri che si rincorrono, alle foglie e ai rametti spezzati da altri mammiferi durante il loro passaggio. Per me i suoni più belli sono quelli dei rapaci notturni e l'ululato dei lupi, ti entrano dentro, sono incredibili, dev'essere qualcosa di atavico che si accende. Anche se non li hai mai sentiti prima, ti sembra di conoscerli da sempre, sono dentro di noi dalle nostre origini. La mia presenza, il mio odore e i miei passi, non passano di certo inosservati e a monte della forestale qualcuno sta scappando facendo rotolare qualche sasso, il cielo è sereno, nessun temporale in arrivo purtroppo, serve acqua, il bosco è in riserva da molto. Qualche metro davanti a me vedo qualcosa muoversi in mezzo alla strada sterrata, mi fermo a osservare ma non capisco cosa sia. Accendo la torcia, è un serpente, mi avvicino è un Colubro di Esculapio. Con questo caldo anche loro si muovono dal tramonto all'alba; proseguo il cammino, ma con la testa sono già sotto la doccia, mi sembra di sentire ancora le formiche ovunque. Arrivo alla macchina e parto, ora il bosco con la luce dei fari allo xeno sembra meno incantato, i finestrini aperti fanno entrare aria, ma è ancora calda, è pazzesco visto l'orario. Sono quasi giunto a casa quando, dietro a una curva, una volpe mi attraversa velocemente la strada e io la noto solo grazie alla punta bianca della coda.

Ogni tanto va così, passi la notte aspettando un animale che non si fa vedere, ma se sai veramente osservare ciò che ti circonda, qualcosa di bello lo vedi sempre, la natura ti stupisce quando meno te lo aspetti. Vado a dormire pensando ancora al fantomatico uomo cattivo, siamo più di 7 miliardi, per la legge dei grandi numeri ci sono dei cattivi per forza; ma siamo anche l'unica specie che si dedica al volontariato, che fa beneficenza, che cura i malati, gli anziani e i più deboli anche se non ha legami famigliari. La nostra specie, la nostra società non è poi così cattiva, ne sono più che convinto.

Consigli
Huxley, Evoluzione ed Etica
Ireneus Eibl Eibesfeldt, Amore e Odio
Stephen Jay Gould, Quando i cavalli avevano le dita

XXXI
Una notte e un cocktail di pensieri

Quella sera la chiacchierata fra me e mio figlio aveva preso un piega molto diversa dal solito. Seduti davanti a un falò dopo aver discusso sui tassi ci eravamo soffermati a osservare il cielo. Quella notte priva di luna lasciava risplendere le stelle meravigliosamente e si potevano vedere anche alcuni pianeti. Quante notti ho passato nell'amaca da ragazzino a sognare mondi lontani. Nicolas mi chiede se gli mostro qualche costellazione, ma ne conosco poche e allora cambia discorso e mi chiede se credo negli extraterrestri. Sto per rispondergli quando un pipistrello passa poco sopra le nostre teste. Dove abitavo da ragazzo ce ne erano molti, qui sono più rari.

"Che pipistrello era?"

"Non lo so Nic, ho comunque due libri in soggiorno, dopo vediamo le specie che sono presenti in zona."

"Dimmi degli extraterrestri."

"Non so, credo che l'universo sia talmente vasto e pieno di pianeti che sarebbe da illusi pensare che la terra sia l'unico pianeta con forme di vita, poi quale vita abiti questi pianeti non lo so. Noi pensiamo sempre alla vita come la conosciamo qui, ma potrebbe essere molto diversa, magari nemmeno basata sul carbonio, sempre che sia possibile."

"Magari un giorno verranno a trovarci."

"Dovrebbero avere un sistema di trasporto più veloce della luce."

"Ma la luce è velocissima!"

"Nic, parli con la persona sbagliata; non sono un fisico e nemmeno un astronomo, ma se ricordo bene anche viaggiando alla velocità della luce, ci vorrebbero molti anni per arrivare a quei pianeti che pensiamo possano ospitare la vita. Ma forse mi sbaglio."

"E se dovessero arrivare? Cosa pensi che facciano?"

"Non lo so. Ma per prima cosa mi chiederei il motivo di questo lungo viaggio e per secondo spererei che non si ripetano due cose."

"Cosa?"

"Quali sono i motivi che mi farebbero viaggiare per l'universo per anni? Lo farei per spirito d'avventura o per altro? Per conquistare nuovi mondi? Per denaro? Perché il mio pianeta non è più abitabile? Le motivazioni non sono molto diverse dalle nostre. Sono uguali a quelle dei nostri primi navigatori esploratori. Si andava in Africa, nelle Indie, si scopriva involontariamente le Americhe. Ieri si lasciava la dura montagna e campagna per la comoda città, oggi si fa spesso il contrario. Si abbandonano le città invivibili, per tornare in montagna. Ma una montagna comoda come la città. Prima colonizzavamo mezzo mondo lontano da casa, oggi colonizziamo la natura intorno a casa. Loro potrebbero arrivare qui e vederci come noi vedevamo gli Indios o oggi la natura in generale."

"Ma se per caso scappassero da una guerra o da qualche disastro?"

"In tal caso ho paura che ci comporteremo come con i profughi. Alcuni di noi li accoglieranno a braccia aperte, altri con i fucili spianati, se lo facevano ai nostri simili figurati cosa faranno a forme molte diverse da noi. L'uomo che ignora ha paura del lupo, figurati di chi non ha mai visto."

Nicolas non disse nulla, continuai a osservarlo perso nei suoi pensieri per alcuni minuti. Fissava il cielo, se il bianco dei suoi occhi non avesse luccicato, avrei pensato che stesse dormendo.

"Tutto ok Nic?"

"Sì, sì, stavo pensando che sono sempre le cose che non si conoscono a fare paura, anche io avevo paura di alcuni animali."

"È l'ignoranza, la conoscenza porta al rispetto e a valutare i reali rischi, la paura ingiustificata invece porta quasi sempre a scelte sbagliate."

"Come uccidere un ragno o un serpente."

"Sì, ci ho pensato spesso a quegli eventi e credo che la paura in quei casi sia solo un alibi. Se vedi un uomo con un coltello o una pistola o un grosso cane che ringhia, cosa fai? La maggior parte delle persone (sbagliando con il cane) scappa o si nasconde, non cerca di aggredire con una zappa o una scopa che spesso deve andare a prendere. Invece con ragni e serpenti (magari manco velenosi) cosa fanno? Prendono un badile o una ciabatta e li affrontano. Si può chiamare paura? Una persona che va a cercare un'arma per poi aggredire qualcuno che nemmeno ti rincorre, ha realmente paura? Io la chiamo ignoranza. Lo fanno perché sanno di vincere a mani basse, non hanno realmente paura. Le persone realmente fobiche le ho viste bloccarsi o scappare. La loro invece è solo una mancanza di conoscenza e oltre a questo pensaci bene, quasi sempre rincorrono l'animale, che alle prime botte giustamente si gira per difendersi e passa così per l'aggressore. Io in tutta la mia vita ne ho visti di animali, sia qui sulle Alpi, che anche in Africa o negli stati del Nord degli Stati Uniti, e sai da quali sono stato rincorso?”

“Dai cani! Come i postini!”

“Ridi ridi! Sì, da cani, ma in generale dagli animali domestici. Sono stato rincorso da una cavalla, da delle vacche, da un caprone e persino da una cavolo di oca domestica! E ti dico che di animali selvatici ne ho visti veramente tanti, anche di quelli che la gente comune descrive, sbagliando, come pericolosi. Ma ti assicuro che sono molto più prevedibili. I domestici no, sono imprevedibili come spesso i loro padroni e hanno anche perso quel naturale timore verso l’uomo.”

“Ti avrei voluto vedere rincorso dall’oca!” Disse ridendo.

“Credimi veniva da ridere pure a me, soffiava e aveva il collo teso in avanti. Ma l’animale che mi ha messo più in difficoltà è stato una cavalla. Non so cosa le fosse preso, ma continuava a sfidarmi, mi rincorreva e si alzava sulle zampe posteriori, vedevo gli zoccoli delle zampe anteriori molto vicine alla faccia. Tu lo sai che vado a cavallo e che da ragazzo aiutavo in un maneggio, ma in quella situazione non mi ci ero mai trovato.”

“Papà una stella cadente!”

“Siamo nel periodo giusto, è la pioggia meteorica delle Perseidi; sono i frammenti che perdono le stelle comete e gli asteroidi. Si chiamano meteoroidi e la scia che vedi si crea quando entrando nella nostra atmosfera, bruciano fino a consumarsi. Per fortuna non sono realmente stelle e stasera dovremmo vederne molte.”

“E se non si bruciano papà?”

“In quel caso arrivano sulla terra e cambiano nome, sono i meteoriti e in basa alla grandezza fanno più o meno danni.”

"Papà dormiamo o metto ancora un po' di legna?"
"Domani non lavoro e tu fra poche settimane inizi la scuola, godiamoci questa bellissima notte, prendo due materassini e ci mettiamo comodi, metti pure ancora un pezzo di legna."

Le cicale stavano tenendo un concerto bellissimo e i pipistrelli bevevano al volo sorvolando il piccolo stagno. Che mondo fantastico, i mammiferi si sono abituati a vivere ovunque, a terra, in acqua, in aria e anche sotto terra e la stessa cosa è riuscita agli insetti. Due classi così lontane si sono comunque adattate ad ambiente così diversi, una meraviglia.

Fine

Sono giunto alla fine di questo breve racconto, un piccolo viaggio nel mio bosco attraverso i miei
sentieri sempre lastricati di pensieri, osservazioni, dubbi e domande, mi piacerebbe che la natura
venisse osservata da più prospettive e che la gente si facesse delle domande, che cercasse le
risposte nelle ricerche scientifiche e non su pagine acchiappa Like. Vorrei che gli escursionisti capissero che amare la montagna è principalmente rispettarla e non vederla come un parco giochi. Come avrete notato sotto ad alcuni capitoli ci sono i titoli di alcuni testi utili per approfondire i vari argomenti da me solo sfiorati superficialmente. Continuerò a scrivere appunti durante le mie osservazioni e ad annotare tutte le domande che mi passeranno per la mente. Continuerò a leggere e a studiare libri che riguardano gli animali presenti nella mia zona, sono convinto che solo la conoscenza liberi dalla paura e ci sottragga dagli errori. Ho ancora molte domande che aspettano risposte, ho ancora una vecchia via che porta sul Macaion da ritrovare e spero di vedere nei miei boschi il ritorno di alcuni rapaci e del gatto selvatico, che mancano ormai da troppi anni.
Il bosco per me rimane un viaggio di cui ho bisogno, non un modo alternativo di vita, ma il vivere. Il mio vero survival invece è quello che affronto tutti i giorni fuori dalla foresta.

RINGRAZIAMENTI

Ringrazio Kathrin che sopporta i miei isolamenti.

F. Feletto, G. Stanisci, T. Tamburi. per i numerosi e utili confronti.

Antonella e Nicola per la realizzazione di questo scritto.

NOTE SULL'AUTORE

Mirko Maccani, altoatesino, fin da piccolo si appassiona alla natura che lo circonda ed inizia così un percorso di conoscenza che lo spinge a numerosi studi e a numerose escursioni, dapprima in solitaria, poi con i figli, alla scoperta di tracce animali.

L'intento della sua opera è far conoscere, attraverso libri e reti sociali, questa realtà a molti sconosciuta.

Per seguire l'autore:

Instagram e Facebook
mirko.and.the.forest.wildlife

Sito
www.mirkomaccani.it